成为人生赢家的制胜宝典　专为年轻人打造的成长圣经

别输在不好意思上
赢在自信

BE IN GOOD CONFIDENCE

用自信和勇敢，为自己赢来自由的舞台

亮出自信，成就丰富的人生

郑斌　编著

 中国商业出版社

图书在版编目（CIP）数据

赢在自信 / 郑斌编著. -- 北京：中国商业出版社，2017.12

ISBN 978-7-5208-0095-2

Ⅰ.①赢… Ⅱ.①郑… Ⅲ.①自信心—通俗读物 Ⅳ.① B848.4-49

中国版本图书馆 CIP 数据核字（2017）第 247701 号

责任编辑：常　松

中国商业出版社出版发行
010-63180647　www.c-cbook.com
（100053 北京广安门内报国寺 1 号）
新华书店经销
山东汇文印务有限公司
*
710×1000 毫米　16 开　14 印张　200 千字
2018 年 4 月第 1 版　2018 年 4 月第 1 次印刷
定价：38.00 元
* * * *
（如有印装质量问题可更换）

前　言

　　生活中，我们发现，有这样一些人，因为不自信，他们不敢拒绝他人，来者不拒让他们活得很累；因为不自信，他们不敢向上司表达自己的意见和想法，不敢毛遂自荐，让自己白白失去了表现的机会；因为不自信，面对心仪的异性，他们不敢大胆表达，错失了美好的爱情；因为不自信，他们躲在人后，不敢大胆走出去交朋友，常常感到孤独寂寞……然而，人们为什么会不自信呢？

　　现代心理学家认为，不自信是一种心理障碍，形成于我们的成长和生活环境，尤其是传统的教育模式。我们在很小的时候就会被师长们教育："做人要谦虚。"而我们却误解了谦虚的真正含义，谦虚并不是不争取，并不是腼腆，并不是故步自封、孤芳自赏，更不是"不作为"。事实上，只有那些敢于走出去、自信的人，才是积极向上的，他们是受人欢迎的，更是有担当的，这样的人生也才是积极的。

　　当然，要想成为自信的人，首先需要我们突破内心，树立信心。的确，人是世界上最聪明的动物，因为人类总是善于向他人学习，学习其先进之处，进而变得不断强大，最终能够掌控世界。但人类最大的弱点也就在于其过于聪明——看得清别人，却不能认清自己。事实上，我们每个人都应该客观、中肯地评价自己，既看到自己的缺点和不足，也应该看到自己的优势，而不应该妄自菲薄，只有这样，才能健康地

发展自己，走向成功。

要突破内心的不自信，还需要我们进行自我鼓励并加以坚持，直至形成习惯。比如说，在你遇到重要的事情，需要鼓起勇气来面对时，你可以说："造物主生我，就赋予我无穷的智慧和力量，凡事能做。"这样可以增强自己内在的信心、激发自己内在的力量，从而成功地达到你的目的。当然，在不同情境下，人们所需要的自我内心突破方法也是不同的，需要我们因事因地制宜地学习相关知识，不断提高自信心。

在经济飞速发展的今天，各种机遇和挑战无处不在，我们每个人都希望能在社会上占据一席之地，为此，我们不妨勇敢点、自信一点，给自己一个发挥长处的机会，初登舞台，放低姿态；站稳脚跟，慢慢发展；等到机会出现，就一定要大胆出击。有了这种敢于冒险、勇于迎难而上的精神，你才能够创造奇迹。

本书就是从十几个方面对社会生活中人们的不自信心理进行分析，从内因和外因两方面进行剖析，让我们每个人对号入座找到自己不自信的症结。本书还从心理学和社交学等方面为我们指点了如何克服这一心理障碍，从而帮助我们在不同情境下突破自己、敢做敢当，成就精彩人生。

目录

第01章 总答应不想答应的事情：你有"不好意思"情结吗？ …… 1

你可能太希望被更多的人肯定 …………………………………… 2

不要让单方面的付出成为习惯 …………………………………… 5

因为内心自卑，让你不够强大 …………………………………… 8

害怕改变，不愿意开始新的生活 ………………………………… 11

是否是你的恐惧心理在作怪 ……………………………………… 13

第02课 社交中的弱势群体：你为什么那么在意别人的眼光？ … 17

为什么社交会让你产生恐惧？ …………………………………… 18

走出不好意思，从一个招呼开始 ………………………………… 20

告别胆怯，练习当众说话 ………………………………………… 23

多出去走走，与陌生人成为朋友 ………………………………… 25

别因不自信错过有价值的社交活动 ……………………………… 28

第03章 你要如何改善现状：让交际之路越走越宽 …………… 31

挣脱羞怯，大胆表达内心的想法 ………………………………… 32

走入人群，孤芳自赏并不快乐 …………………………………… 36

　　拥抱友谊，割除嫉妒的毒瘤 ………………………………… 39

　　告别虚荣，内心清澈方能从容面对人生 ………………… 41

　　远离猜疑，信任是人际交往的基础 ……………………… 44

第04章　"不自信"的心理成因：直面内心软弱的自己 ………… 47

　　你没有自己想象得那么重要 ……………………………… 48

　　贴标签效应：我，正如我思 ……………………………… 50

　　学会欣赏自己，别不自信 ………………………………… 53

　　人无完人，犯错是正常的 ………………………………… 55

　　别轻易将自己定性为一个悲观者 ………………………… 58

第05课　羞怯感总是很难摆脱：用主动沟通消除不自信心理 …… 62

　　一回生二回熟，介绍自己别害羞 ………………………… 63

　　过于害羞和沉默并不是好事 ……………………………… 65

　　越不自信，就越不敢拒绝 ………………………………… 68

　　先感谢，再说出自己想说的话 …………………………… 72

第06章　多关注自己的感受，别为了取悦别人而亏待自己 ……… 75

　　你还在当老好人吗 ………………………………………… 76

　　暗示自己的喜恶，让对方自己领会 ……………………… 79

　　不好意思启齿，巧用"弦外之音"传话 ………………… 81

说些客气话表达自己的拒绝 …………………………………… 84

别太操心，有些事不是非你不可 ………………………………… 86

第07章 展现自己没什么可怕的：别给自己的交际设置障碍 …… 89

金口难开是因为"不好意思" …………………………………… 90

别不好意思，落落大方地介绍自己 ……………………………… 90

积极寒暄，令"不好意思"的心理逐步瓦解 …………………… 93

路遇熟人，别不好意思打招呼 …………………………………… 95

与陌生人说话是自信表达的第一步 ……………………………… 97

第08章 自信为人，不好意思是自卑的另一种表达 …………… 98

要获得自信，首先要接纳自我 …………………………………… 99

找准位置，大方展示自我价值 …………………………………… 102

摆脱自卑，拥有自信的姿态 ……………………………………… 105

要获得自信，首先要接纳自我 …………………………………… 107

第09章 谁都爱赞美之言，别不好意思夸别人 ………………… 110

赞美不要太夸大，火候把握很重要 ……………………………… 111

利用他人之口赞美更能博得欢心 ………………………………… 113

赞美要特别一点才能打动人心 …………………………………… 115

小细节的赞美往往令人很舒服 …………………………………… 118

第10章　他人有错就要指出来，别不好意思批评 …………… 121

忠言逆耳利于行，摒弃"不好意思"心理 …………… 122

批评，也要委婉含蓄 …………… 124

先做自我批评，再好意思说别人 …………… 128

善意提出批评，更容易获得感激 …………… 130

原谅他人也别不好意思说出口 …………… 133

第11章　犯了错别不好意思，敢于承认要有担当 …………… 137

说错话了，不要不好意思承认错误 …………… 138

大方地承认自己的不足，别不好意思 …………… 140

工作中的错误与失误要主动承担 …………… 142

主动承认自己的错误是上策 …………… 144

无意得罪领导，如何巧言认错 …………… 146

看准时机，赞美要在点子上 …………… 148

第12章　敢于自嘲，好意思"丢面子"才能给朋友挣面子 …… 150

死要面子只能活受罪 …………… 151

交际场合别怕丢面子 …………… 153

无论如何都要维护朋友的面子 …………… 155

主动向朋友道歉并不会丢面子 …………… 158

口下留情，给对方一点薄面 ··· 161

第13章 大胆说"不"，别不好意思拒绝他人 ················ 164

用"抬高"他人的方式来巧妙拒绝对方 ································ 165

将拒绝的理由说得有情有义 ·· 167

转移话题法是一种拒绝的艺术 ··· 169

用"戴高帽"方式达到拒绝目的 ··· 171

用时间拖延法来拒绝小人的请求 ·· 173

第14章 大声说出你的"谢谢"，感恩他人没什么不好意思 ··· 176

向那些折磨你的人说声"谢谢" ··· 177

谢谢，那些给过自己伤害的人 ··· 179

爱人也要言谢，感谢对方的陪伴 ·· 181

感恩可爱的孩子们 ··· 182

感谢恩师，授予你知识 ·· 185

第15章 有爱就要说出来，别不好意思表达 ················ 187

可怜天下父母心，别在语言上冷落父母 ······························· 188

对孩子，嘘寒问暖尽显关爱 ·· 190

甜言蜜语，爱他就大声说出来 ··· 193

多沟通，别让猜疑破坏家庭关系 ·· 196

拌嘴也是情趣，把爱意融入争吵中 …………………………………… 199

第16章 用点策略好成事，别不好意思"演戏" …………… 201

贴心点，以己度人好成事 …………………………………… 202

主动暴露小小缺点，拉近彼此距离 …………………………… 204

以柔克刚，用温情攻克对方心房 ……………………………… 206

巧妙示弱装可怜，软刀子更扎人 ……………………………… 209

巧解难堪，打破交际僵局 ……………………………………… 211

参考文献……………………………………………………………… 214

第01章
总答应不想答应的事情：
你有"不好意思"情结吗？

在朋友、同事眼中，你是否是一位典型的老好人？为人和善，在与人发生冲突时，哪怕自己是对的，也从不自我辩解；有人请求帮忙，从来都不好意思推脱拒绝；为了交际，甚至有时会放弃原则去获得朋友圈的一种和谐。事实上，"不好意思"情结也是一种心理偏差。

你可能太希望被更多的人肯定

美国心理学家威廉·詹姆士曾说:"人类本质中最殷切的需求就是渴望被肯定。"不管对大人还是孩子,肯定他、赞美他都是调动其积极性的好办法,因为肯定和赞美是人的心理需要。无疑,人们迫切需要被人肯定,所以他们在面对来自对方的请求时,往往会在肯定或赞美之后选择应承下来。美国心理学家马斯洛认为,人有生理需要、安全需要、人际关系需要、尊重和荣誉的需要、自我实现的需要。在生活中,一个人除了最基本、最原始的食物需要外,还有渴望别人的肯定和赞美的需要,这是高级的需要。在生活中,许多人总是答应一些自己不愿意答应的事情,原因就是基于自己渴望被肯定。

有一次,曾国藩用完晚饭后与几位幕僚闲谈,评论当今英雄。他说:"彭玉麟、李鸿章都是大才,为我所不及。我可自许者,只是生平不好谀耳。"一个幕僚说:"各有所长:彭公威猛,人不敢欺;李公精敏,人不能欺。"说到这里,他说不下去了。曾国藩问:"你们以为我怎样?"众人皆低头沉思。忽然走出一个管抄写的后生过来插话道:"曾师是仁德,人不忍欺。"众人听了齐拍手。曾国藩十分得意地说:"不敢当,不敢当。"后生告退而去。曾氏问:"此是何人?"幕僚告诉他:"此人是扬州人。入过学,家贫,办事还谨慎。"曾国藩听完后说:"此人有大才,不可埋没。"不久,曾国藩升任两江总督,就派这位后生去扬州任盐运使。

众人皆知,曾国藩自认为自己"仁德",都希望大家附和他,都希望他的仁德能够得到大家的认可。那位后生,真可谓是区区一句话,胜读十年书。正

第01章 总答应不想答应的事情：你有"不好意思"情结吗？

是他抓住了曾国藩自以为"仁德"这一点，投其所好地进行了赞美，结果曾国藩无法拒绝他的赞赏，还对其予以重用，这不得不说因为渴望肯定与赞美，所以没办法拒绝来自别人的请求。

美国著名作家马克·吐温曾经夸张地承认：一句美好的赞扬，能使他不吃不喝活上两个月。那么，当我们听到别人的赞美时，根本无法抑制内心的冲动，以至于会甘愿俯首，尽心尽力地做事，毫无怨言。或许，本来我们是不那么愿意帮忙的，但在听到对方的肯定与赞赏之后，便会觉得飘飘然，因为我们内心太想得到这些肯定了，所以即使是上刀山下火海也会无怨无悔。

卡内基的副手派伯中校是一位既有些古怪、又有些可爱的人。有一次，卡内基正准备在圣路易斯的某个地方为公司刚修好的一座桥征收税款。在这个关键时刻，中校派伯却突然想家了，他头脑一热，就想搭夜班车马上回匹兹堡。眼看着卡内基的计划就要毁于中校的心血来潮的行为之下了。

在这关键时刻，卡内基灵光一闪，他没有乞求中校留下来帮他把事情办好。相反，他不动声色地和中校谈起了另一个话题。平时，他就注意到，中校特别喜欢名马，并且对名马颇有研究。于是，卡内基就对中校说，以前他听人过，圣路易斯专门产名马，因此一直以来，他就想给他的姐妹买匹好马，以供她们驾车，所以，他请求中校帮他挑匹好马，暂时不要急着回家。听了卡内基的话，这位可爱的派伯中校果然心甘情愿地留下来了。

在这个案例中，派伯本来是不愿意留下来的，但是他喜欢名马，而且对名马颇有研究。当卡内基对他说："以前我听人过，圣路易斯专门产名马，因此一直以来，我就想给我的姐妹买匹好马，以供她们驾车，所以，我请求中校帮我挑匹好马，可以吗？"在这个请求中，一方面可以看出卡内基对派伯关于马的研究的肯定，另一方面带着请求的意味，两者都是对派伯本人的一种欣赏与肯定，自然而言，派伯完全无法拒绝，他就这样留了下来，而且没有一丝抱怨的情绪。

有一位教育博士曾在一所学校做过一个著名的实验：新学期开始时，博士让校长把三位教授叫进办公室，对他们说："根据你们过去的教学表现，你们是本校最优秀的老师。因此，我们特意挑选了一百名全校最聪明的学生组成三个班让你们教。这些学生的智商比其他孩子都高，希望你们能让他们取得更好的成绩。"

三位老师都高兴地表示一定尽力。校长又叮嘱他们，对待这些孩子，要像平时一样，不要让孩子或孩子的家长知道他们是被特意挑选出来的，老师们答应了。

一年之后，这三个班的学生成绩果然排在整个学区的前列。这时，校长告诉了老师们真相：这些学生并不是刻意选出的最优秀的学生，只不过是随机抽调的最普通的学生。老师们没有想到是这样，都认为自己的教学水平确实很高。

这时校长又告诉他们另一个真相，那就是：他们也不是被特意挑选出来的全校最优秀的教师，也不过是随机抽调的普通老师罢了。这个结果正是博士料到的，因为这三位教授都认为自己是最优秀的，并且学生又都是高智商的，因此对教学工作充满了信心。

校长首先肯定了老师们的教学能力，所以老师们自己也认为自己是最优秀的，所以对自己的工作充满了信心，他们根本无法拒绝校长的请求。最终的真相，其实教师和学生都是普通的，都是随机挑选出来的。但是依然能使学生的成绩名列前茅。当然，其中分不开老师和学生的努力，但是最重要的还是老师们的能力被肯定了，他们对自己的教学充满了自信，从而激发出来无限潜力。

在生活中，你是否因为对方的肯定而无法拒绝呢？尽管你不愿意承认，但事实就是如此。因为那是来自内心最深层次的需求，所以一旦自己被肯定了，那就再也没办法把"不"说出口了。

第01章　总答应不想答应的事情：你有"不好意思"情结吗？

不要让单方面的付出成为习惯

在生活中，有很多人习惯于默默付出。因为无法拒绝，所以形成心理定式——付出成习惯。然而，这样的人在交际中并不讨好，因为一旦他习惯了总是在付出，倘若其中一次不想付出，别人就会对其不屑。比如，总是帮助朋友，但如果有一次无法帮助朋友，那朋友便会觉得你没有帮他；在爱情中，总是心甘情愿地付出，为对方默默地做一些事情，末了并不能得到期望中的爱情；对亲人总是有求必应，他们会将本来自己的责任也慢慢推到你身上。一旦你付出成为习惯，那你的付出就是无价值的，就是天经地义的，如果你停止付出，就会惹人讨厌。假如你已经是一个习惯付出的人，在付出的同时不妨考虑一下自己，争取一些应该的利益，或者维护自己应有的权利，那就是拒绝的权利。

小瑶是一位善良的女孩子，她喜欢帮助朋友，每当朋友提出什么要求，她总是尽自己最大的努力去帮助对方，从来不拒绝，也不会有什么怨言。所以，朋友有事情，定会马上向她求助，她渐渐成为朋友的拐杖。

有一次，小瑶还在公司上班，朋友打电话来，说自己忘记及时还信用卡了，现在还有一个小时了，但手中没这么多钱，希望小瑶能够帮助自己。小瑶二话不说，挂了电话就请假出去，急匆匆赶到银行帮朋友还信用卡。尽管后来朋友再三表示了感谢，但小瑶还是被老板批评了几句。小瑶天真地想：为了朋友，付出点没什么。

渐渐地，朋友养成了习惯：失恋了，在电话里哭着向小瑶求救，于是，小瑶马上出去，随叫随到，不管是烈日炎炎，还是凌晨三点；工作不顺心了，一个电话打过来，倾诉起来就是半个多小时，小瑶总是耐心地听着，哪怕自己还

在赶写文案；需要借钱了，朋友总是第一个打电话向小瑶求救，希望她能帮助自己渡过难关，这时小瑶会将自己身上所有的积蓄都借给朋友。

但是，小瑶有时候也会不开心：自己跟男朋友吵架的时候，打电话给朋友想诉诉苦，但朋友说"我在外面逛街呢，一会再说吧"；自己工作不顺心的时候，希望能跟朋友聚聚的时候，朋友总是说"不好意思，我没时间"；自己经济紧张的时候，还没来得及向朋友开口，朋友就说"我最近手头比较紧"……

到头来，这段友情不过是小瑶自编自演的"深情"，因为习惯了付出，所以她总是无法拒绝朋友的请求，一次次心软，她再也没办法拒绝。

为朋友两肋插刀是应该的，不过要看我们面对是什么样的朋友。有些所谓的朋友喜欢占便宜，往往会利用我们的善良、心软，一次次把他的要求强加给我们。尽管我们在很多时候很无奈，但碍于面子还是会一次次满足对方的要求。事实上，一味的索求就是变相勒索，由于自己的付出已成为习惯，朋友同事愿意找我们帮忙，找我们的人多了，就会成为自己的负担，常常令我们感到厌烦。这时我们应该反思自己是不是人太好了，是不是付出已成为一种习惯。一切的付出应该适可而止，对朋友也是如此。

初入职场，露露谨记母亲的教诲。领导布置的任务，她即使是加班加点，也总会按时完成。和领导打交道的时候，她总是小心翼翼，生怕说错一句话，做错一个动作，让领导不开心。与领导同行时，都让领导走前面，双手给领导递东西……有两次在会议室开会，露露看到领导茶杯空了，就主动提出去加点水。在场的两个女同事还一边笑，一边开玩笑说露露"很懂事"。

同事需要什么帮助，露露即使很为难，但也从不说"不"。在公司里，和露露分担工作的是苏姐，比露露先来公司两年多，露露礼貌地称她苏姐。露露入职一个月左右时，领导吩咐"苏姐"加班，但"苏姐"私下求助露露，说家里有事，希望她帮忙顶一下。"我当时想都没想就答应了。"露露为此推掉了和姐妹的饭局，当晚在公司加班到9点多才回家。之后，"苏姐"只要遇到不

第01章 总答应不想答应的事情：你有"不好意思"情结吗？

想干的事情，都会直接甩给露露。露露很生气，虽然心里不愿意，但面对同事的要求，她脸上还是勉强挂着笑容。

露露觉得自己一到办公室，就变成了一个没有主见的人。有时，即使心里很窝火，她也一直都说服自己，吃点亏至少换来了同事的好印象。可是上个月，露露无意中得知，这个苏姐和另外两个女同事在背后议论她，说她假惺惺，喜欢拍马屁。

如今，露露觉得很委屈，自己对人客气居然被大家误解，她不知道该怎么与同事相处，干脆把自己一个人锁在屋里。

当付出成为习惯，自己累了，身边的人也懂得了推卸责任，所以于人于己都是没有好处的。对亲戚朋友习惯付出，助长了他们凡事依靠别人的习惯，同时把自己也累得够戗；在公司尽职尽责，只要是领导吩咐的事情都应承下来，结果累了自己，也让老板养成依赖你的习惯。而且，并不是所有的付出都能换来真心，并不是所有的付出都有价值，有时候你付出越多，受伤越多，比如，在爱情里付出越多的人往往也是最受伤的人。

1. 付出是一种心理偏差

过分付出是一种病，露露之所以这样，是源于对自己能力不够自信的表现。当她对自己的能力产生怀疑的时候，就会通过领导和同事的赞誉来获得成就感和安全感。同时，因为内心自卑，她不敢在公司说出自己的看法，永远都跟随着众人的意见。

2. 自己需要被需求感

许多刚刚入职的新人，他们在刚刚开始工作时都会没有自信，觉得公司不需要自己，领导同事也不认可自己。这时新人可以尝试着与同事交流，让对方评价自己的工作情况，然后从中找到不足和自信。

3. 不要过于迎合别人

我们要真诚地在做自己和尊重他人之间找到平衡点，不要过于迎合他人。毕竟，每个人的成长背景、生活习惯都不同，有不同的想法和观点也是很正常的。人与人之间，也不会因为一个观点的不同就闹不和。

4. 犯错也没关系

难道拒绝对方就是犯错吗？不管是在工作和生活中，不要过于要求自己做一个完美的人，有时候说错话、做错事是很正常的，拒绝对方也是自己应有的权利，只要在这个过程中不断成长就好。

因为内心自卑，让你不够强大

现代社会是一个开放和竞争的年代，人际交往越发频繁，在性格因素中，缺少自信，缺少对情绪的驾驭能力，而又时不时地还会感到自卑。对于这样的人，即使有再多的才华，恐怕也难能获得广阔的施展空间。心理学教授说，自卑是一种消极的自我评价或自我意识，即个体认为自己在某些方面不如他人而产生的消极情感。自卑感就是个体把自己的能力、品质评价偏低的一种消极的自我意识。具有自卑感的内向者总认为自己事事不如人，自惭形秽，丧失信心，进而悲观失望，不思进取。

三毛是我国著名的作家，她小时候是一个非常勇敢而又聪明活泼的小女孩，在12岁那年，以优异的成绩考取了台北最好的女子中学——台北省立第一女子中学。在初一时，三毛的学习成绩不错，到了初二，数学成绩一直滑坡，几次小考中最高分才得50分，三毛心里很自卑。

第01章　总答应不想答应的事情：你有"不好意思"情结吗？

但聪明而又好强的三毛发现了一个考高分的窍门。她发现每次老师出小考题，都是从课本后面的习题中选出来的。于是三毛每次临考都把后面的习题背过。因为三毛记忆力好，所以她能将那些习题背得滚瓜烂熟。这样，一连六次小考，三毛都得了100分。老师对此很怀疑，决定要单独测试一下三毛。

一天，老师把三毛叫进办公室，将一张准备好的数学卷子交给三毛，限她10分钟内完成。由于题目难度很大，三毛得了零分，老师对她很是不满。

接着，老师在全班同学面前羞辱了三毛。他拿起蘸着饱饱墨汁的毛笔叫三毛立正，非常恶毒地说："你爱吃鸭蛋，老师给你两个大鸭蛋。"

他用毛笔在三毛眼眶四周涂了两个大圆圈。因为墨汁太多而流下来，顺着三毛紧紧抿住的嘴唇渗到她的嘴巴里。老师又让三毛转过身去面对全班同学，全班同学哄笑不止。然而老师并没有就此罢手，他又命令三毛到教室外面，在大楼的走廊里走一圈再回来，三毛不敢违背，只能一步一步艰难地将漫长的走廊走完。

这件事情使三毛丢了丑，她也没有及时调整过来。于是开始逃学，当父母鼓励她要正视现实，鼓起勇气再去学校时，她坚决地说"不"，并且自此开始休学在家。

休学在家的日子里，三毛仍然不能从这件事的阴影中走出来，当家里人一起吃饭时，姐姐弟弟不免要说些学校的事，这令她极其痛苦，以后连吃饭都躲在自己的小屋里，不肯出来见人了，就这样，三毛患上了少年自闭症，渐渐产生了自卑的心理。

少年时期的这段经历，影响了三毛一生，在她成长的过程中，甚至是在她长大成人之后，她的性格始终以脆弱、偏颇、执拗、情绪化为主导。这样的性格对于她的作家职业可能没有太多的负面影响，但这严重影响了她人生的幸福。

英国人弗兰克林在1951年从自己拍得极好的脱氧核糖核酸（DNA）的X射线衍射照片上发现了DNA的螺旋结构之后，并且就这一发现做了一次

演讲。然而,由于弗兰克林生性自卑,缺乏自信,于是就怀疑自己的假说是错误的,从而放弃了这个假说。1953年,在弗兰克林之后,科学家克里克和沃森,也从照片上发现了DNA的分子结构,提出了DNA双螺旋结构的假说,从而标志着生物时代的到来,二人因此而获得了1962年度诺贝尔医学奖。可想而知,如果弗兰克林不是自卑,而坚信自己的假说,进一步进行深入研究,这个伟大的发现肯定会以他的名字载入史册。唐拉德·希尔顿曾说,许多人一事无成,就是因为他们低估了自己的能力,妄自菲薄,以至于缩小了自己的成就。

自卑是一种长时期的心理状态,有自卑心理的人,就如同披着海绵在雨中行走一样,包袱会越来越重,直至压得人喘不过气来。

其实,战胜自卑并非难事,不要过于看重一次的失败与丢丑,不要因先天的缺陷而抬不起头,在生活中报以平和的心态对待周围的人和事情,慢慢地,当你鼓起自信的风帆,划动奋斗的双桨,你一定会发现一个生气勃勃的你,一个潇洒自如的你,一个成功的你!

1. 自卑带来的坏处

自卑会让人心情低沉,郁郁寡欢,常因害怕别人瞧不起自己而不愿与别人来往,只想与人疏远,缺少朋友,甚至自疚、自责、自罪;他们做事缺乏信心,没有自信,优柔寡断,毫无竞争意识,享受不到成功的喜悦和欢乐,因而感到疲劳,心灰意冷。

2. 彻底摆脱自卑

被自卑感所控制,其精神生活将会受到严重的束缚,聪明才智和创造力也会因此受到影响而无法正常发挥作用。自卑是束缚创造力的一条绳索,是阻碍成功的绊脚石。种种消极的反应都表明,自卑的心理会使一个人在人生道路上常走下坡路。

第01章　总答应不想答应的事情：你有"不好意思"情结吗？

害怕改变，不愿意开始新的生活

有时候，不愿意拒绝其实是过度依赖，不愿意开始新的生活。一个人总是要看陌生的风景，结识陌生人，甚至，生活在一个陌生的环境里。因为这个世界是变幻莫测的，如果我们固执地待在最初的原点，那么，我们将不能适应这个世界的变化，并会逐渐被这个世界所淘汰。当然，对于大多数人来说，他们更喜欢接触熟悉的人和事，因为熟悉，少了内心的那份恐惧。在陌生的人和事面前，人们往往会乱了阵脚，多了胆怯，他们不知道自己该说什么话，该做什么事情，甚至，他们根本不知道自己应该把手放在哪里才好。既然陌生的风景、陌生的人、陌生的环境是我们无法拒绝的，为什么不尝试着去慢慢接受呢？其实，人生一直是在适应中体味快乐，我们又何苦那么惧怕陌生呢。慢慢开始接触陌生的世界，做一些陌生的举动，如拒绝人。

"陌生"这个词儿常常会唤起人们内心的胆怯，他们害怕去接触，更害怕自己从一个熟悉的环境到一个全新的环境。其实，这样的心理是可以理解的，从陌生到熟悉，需要一个漫长的过程。但是，如果换一个角度，你会发现，所谓的"陌生"其实就相当于一个新奇的探索之旅。在陌生的环境里，你会结识新的朋友，新的同事；你会有一间跟以前全然不同的房间，或许，你早就厌倦了之前的摆设，趁着这个机会不是可以重新装饰吗；你会有一种新的生活方式，以前那循规蹈矩的生活你早就厌倦了，为什么不趁着这个机会改变呢。在适应陌生的过程中，其实你一直都能体味到那种"新奇"的快乐，因为所有的一切对于你来说都是未知的，新鲜的，自然也是乐趣无穷的。

成功大师拿破仑·希尔曾讲述了这样一个故事。

赢在自信

一位将军去沙漠参加军事演习，妻子塞尔玛需要随军驻扎在陆军基地里。由于沙漠干燥高热的气候和全然陌生的环境，令塞尔玛感到很难受，而身边又没有可以倾诉的人，陷于孤独的塞尔玛经常给父亲写信，在信中透露出自己想回家的强烈愿望。然而，拆开父亲的回信，只有短短的两行字："两个人从牢中的铁窗望出去，一个看到泥土，一个却看到了星星。"父亲的回信令塞尔玛十分惭愧，她决定要在沙漠里寻找星星。

从此以后，塞尔玛开始与当地人交朋友，彼此之间互相赠送礼品，闲来无事，她开始研究沙漠里的仙人掌、海螺壳。慢慢地，她迷上了这里，通过亲身的经历，她写了一本书《快乐的城堡》。

沙漠并没有改变，当地的印第安人也没有改变，是什么使塞尔玛的生活发生了巨大的变化呢？心态，当然是心态，以前惧怕陌生的塞尔玛看到的只是泥土，但是，当这样的心态发生变化之后，她开始慢慢适应这个陌生的环境，并在体味中追寻到了快乐，甚至，她在沙漠里找到了星星。

王先生热衷于广交朋友，而他最擅长的就是与陌生人打交道。有朋友问他："面对陌生人，你不害怕吗？"

王先生哈哈大笑，回答说："我这个人可从来不提倡'不要和陌生人说话'，相反，我觉得与陌生人聊天乃是人生的一大乐趣。前不久我回老家，坐在拥挤的大巴车里，人们用熟悉的乡音聊天，一位年逾70的老大爷跟我们讲了他参加革命的故事，我特别喜欢听，时而询问两句，看着他那颤动的皱纹，我觉得自己又多了一个陌生的朋友。虽然，下车后，我们各走各的，可能以后都不会见面了，但是，他所讲述的那些故事，以及他这个人，都有可能会成为我讲给别人的故事，我将永远记得，我曾跟这样一个陌生的大爷在一辆破旧的大巴车上热情地聊天。"

朋友笑了，说道："也难怪你能说那么多好听的故事，不认识你的人还以为你经历了很多事情呢！"王先生笑着说："其实，那些故事都是来源于陌生人。人们常说'行万里路'，事实上，我与那些不同的人打交道，听不同的故事，

第01章　总答应不想答应的事情：你有"不好意思"情结吗？

认识不同的人，我又何尝不是行万里路呢？所以，对于我来说，比起那些熟悉的朋友，我有时候更愿意接触陌生人。"

与陌生人结识其实就是一段新奇的旅程，在这段旅程里，你会认识到不同于以往所接触的人，包括他的秉性、长相、说话方式，以及发生在他身上的故事。其实，在这个世界上，对我们来说并没有什么完全陌生的东西，因为一切陌生的事情都会慢慢地变得熟悉起来。那熟悉的过程，事实上就是体味快乐的过程，有时候，快乐就是如此简单，比如听别人的故事。当你在陌生人面前越来越自如的时候，那就表示你越来越会拒绝了。

是否是你的恐惧心理在作怪

恐惧，是一种常见的心理反应，表现为焦虑、紧张、语速过快，逻辑思维进入抑制状态。恐惧心理，即人类对未知环境或者未能预料事情的条件反射。比如，有些内向的男孩子在追求女孩子时，因害怕被拒绝而产生的恐惧；有些人在迷路时产生的恐惧，这些都是人体大脑神经产生的保护性条件反射。

即使是一个普通人在看恐怖电影时，因大脑受到刺激，也会促使人们产生恐惧。恐惧感是人们内心的一种反应，长时间的恐惧会危害人们的身体和心理健康。那么，你目前的心理是否存在恐惧呢？你的恐惧指数有多少呢？你可以通过下面的测试来判断自己内心是否存在恐惧心理。

1. 童年时期，你对父母感到害怕吗？

A. 对父母双方或其中一人感到害怕

B. 有时

C. 我不记得对父母感到恐惧

2. 你经常会感到无奈吗？

A. 偶尔，当遭遇困难和挫折时，我感到很无奈

B. 每当遇到麻烦事情时，我都感到自己无能为力

C. 在处理问题时，我从来不会感到无奈

3. 你害怕丢掉自己的工作吗？

A. 我从来没有担心过

B. 有时会担心

C. 我经常会担心丢了工作

4. 你常常在意别人对你的印象吗？

A. 有时会这样

B. 我经常在意别人是怎么看我的

C. 别人对我的看法，我完全不关心

5. 对那种有威慑力的人，你会——

A. 经常会感到恐惧与苦恼

B. 不惧怕任何人

C. 尽量不和这样的人打交道

6. 看见猫．兔子等无害动物，你会——

A. 感到害怕

B. 感到惴惴不安

C. 从来不害怕这些小动物

7. 你害怕会失去自己爱的人吗？

A. 是的，我经常担心

B. 偶尔我会担心

C. 我对我们的感情充满信心

8. 你会担心自己的健康吗？

A. 我总是觉得自己患了重病

B. 有时发现身体有问题，会担心自己的健康问题

第01章　总答应不想答应的事情：你有"不好意思"情结吗？

C. 我从不为自己的健康而担心

9. 你害怕做决定吗？

A. 从来不担心出错

B. 偶尔会感到不安

C. 做任何决定都会使自己感到痛苦

10. 你害怕负责任吗？

A. 我做任何事情都不想承担责任

B. 假如需要我负责任，那我一定会负责到底

C. 我应主动承担应有的责任

计分标准

1. A1　B2　C3

2. A2　B1　C3

3. A3　B2　C1

4. A2　B1　C3

5. A1　B3　C2

6. A1　B2　C3

7. A1　B2　C3

8. A1　B2　C3

9. A3　B2　C1

10. A1　B2　C3

20~30分：无所畏惧

你的心理处于非常健康的状态，不管是对生活还是工作，你永远充满着热情与阳光，在你身上呈现出来的特质就是豁达、乐观。同时，你还有一股坚忍的劲儿，一旦自己认定的事情，总会坚持到底，不管前面有多少困难，你也相信通过努力后会拼搏出一片属于自己的蓝天来。

15~24 分：有时会有恐惧感

你的内心比较平静，只是恐惧感会像湖泊荡起的涟漪一般，若隐若现地出现在你的人生里。不管是在生活中还是工作中，恐惧感会不经意间出现，尤其是当你遇到比较有震撼力的人和物的时候，你会感到那么一丝丝的惧怕。如果你渴望平静，那可以向身边的人求助，诉说自己的苦闷，调整内心，消除萌芽的恐惧感。

10~14 分：严重恐惧症

你有严重的恐惧症，它就如一个鬼魅一般，时常出现在你心里，给以强烈的惧怕感。或许，你曾经做过一些自己不满意或有悖于常理的事情，所以你内心有强烈的自卑感，你做事情总是畏首畏尾，害怕失败。你内心的恐惧感会演化为一种强烈的、病态的惧怕，好像一种心理疾病。当然，对于这样的心理应该正视，而非逃避。

如果你患了严重恐惧症，可以先分析一下自己产生某种恐惧的主要原因，假如是某件事引起你的恐惧，你就可以将当时的事情回忆一遍，从头到尾仔细分析，然后再回想一遍，接着，第三遍，第四遍……这时由于你重复置身于恐惧环境中，慢慢地，你会身临其境就不会感到恐惧了。如果这个方法没有效果，那可以向心理专家求助。

第02课
社交中的弱势群体：
你为什么那么在意别人的眼光？

为什么不好意思？为什么难以拒绝？你是否意识到自己已经患上了"社交恐惧症"。社交，是现代生活中每个人不可缺少的活动，但是，很多性格内向的人，会在人际交往中感到不安，特别在意别人对自己的看法，还会出现脸红、出汗、心跳加快、说话结巴和手足无措等现象，这一现象称为"社交恐惧症"。

赢在自信

为什么社交会让你产生恐惧？

有的人讨厌面对人群或害怕面对人群，他们觉得恐惧、不好意思，对自己以外的世界有着强烈的不安感和排斥感。他们常常逃离人群，除了几个亲近的人之外，他们不愿意与外面的世界沟通。他们大多都有人际交往障碍，他们心里有很多苦恼："我性格内向，不愿和别人交往，我挺烦的，怎样才能做一个善于交际的人呢？""我是一个女孩，我想说的是，我无论和男的或女的说话时，都不敢看对方的眼睛，手一会儿挠头一会儿揣兜，不知道该怎么办？""我太在乎别人对我的看法，和别人沟通时，我都担心别人怎么看我，尤其是面对比较重要的人，我还有点自卑""我觉得自己心理上有问题，很多时候很想跟别人聊天，但又不知道有什么好聊的，很多时候我很害羞，说话也不敢大声，我感觉自己好胆小好内向"。从这些心声中，我们可以看到他们中的大多数只是性格内向、不善于交际，或是不懂得社交的艺术，而导致社交过程中出现不适，而并非他们不愿意与人交往。

艳艳今年17岁了，是一所普通高中二年级的学生，爸爸和妈妈都是大专毕业，在机关工作，家族都没有精神病史。因为家里就她一个孩子，全家人对她都很疼爱，不过，她爷爷对他要求严格，希望她将来可以作出一番大的事业。艳艳从小就很腼腆，不喜欢说话，家里来陌生客人了，她也是经常躲而不见。在整个读书期间，她都没什么朋友，不上课时就窝在家里。

但现在艳艳读高中了，她开始寄宿了，并感觉到很多事情不顺利，她很苦恼，常常向妈妈抱怨，一副不知所措的样子。前不久，艳艳的学校中一个男生无意中用余光瞄了一下她，她就觉得对方在警告自己。从此，她更害怕与人打

第02课 社交中的弱势群体：你为什么那么在意别人的眼光？

交道了，尤其是遇到异性，她就很紧张，注意力无法集中，学习没有效果。后来，严重的时候，发展到与同性、与老师不敢视线接触。她常常对妈妈说："妈妈，我很痛苦，好苦恼，可又不知道该怎么办？"

在青春期，性格内向的女孩子很容易患上社交恐惧症，严重的还会发展成社交恐怖症。在青春期，一个人生理和心理都要发生急剧的变化，如果在这一阶段遇到心理问题，没有解决好，就很可能影响她们将来的升学、求职、就业、婚姻等一系列社会化进程。

社交恐惧症无法主动走出自我的世界，也不愿意加入人群。他们只要在人多的地方就会觉得很不舒服，总害怕别人在注意自己、担心自己被批评。实际上，他们一切行为都源于内心的恐惧，一旦内心的恐惧消失了，他们就会慢慢变得自信起来。

1. 尽可能与他人交往

不要总是一个人宅在家里，时间长了都会发霉。所以，如果要突破自己的交际恐惧，那就需要走出家门，尽量与他人交往。在与他人的交往中，会遵守共同的规则，学会了交往，学会了尊重别人的权利。而且，从中还可以学到如何与人合作，如何交朋友。

2. 参加活动可以帮助你拓展圈子

在家里，有可能你所能接触到的都是自己的家人，有时候，甚至是姐妹兄弟。即使是一起工作的同事，也只是打过照面，没有真正接触过，更别说成为朋友了。而公司举办的一些有意义的集体活动恰好为你提供这个机会，在活动中，你可以认识更多的朋友，相应地，也拓展了你的交际圈子。

3. 参加活动可以有效锻炼你的交际能力

有的人比较羞涩，性格内向，他们的交际能力较差，像这样的人更应该参

赢在自信

加一些有意义的集体活动。在活动中,气氛比较热烈,能够激起大家聊天的欲望,如此的话,能够有效地锻炼你的交际能力,提升你的口才水平。

4.明白没什么可怕的

社交恐惧症者应该明白在交际场合是没什么可怕的,即使出现了最糟糕的场景,也应该将一切可能发生的最糟糕的情况列举出来,最后发现其实也没什么大不了的。所以,让自己冷静下来,做好自己,没什么可怕的。

5.做一个主动者

奥巴马总是面带微笑自信地走向大家,然后花一点时间向在座的人介绍自己,这一切的行为都令他看起来非常自信,极具总统范儿。假如一个人总是低着头走路,等待着别人来招呼自己,结果很容易被身边的人忽视。

走出不好意思,从一个招呼开始

在每天的人际交往中,人们都在频繁地与人打招呼,招呼表示一种问候,一种礼貌,一种热情。其实,我们千万不要忽视了一个招呼的作用,一个小小的招呼就是人际交往中的润滑剂。对同事的一个招呼,可以有效地化解彼此之间的敌意;对朋友的一个招呼,可以唤起双方之间深厚的友谊;对陌生人的一个招呼,可以减少彼此之间的陌生感。总而言之,一个招呼可以使人与人之间的关系更加的和谐、融洽。特别是我们在与陌生人的交往中,恰到好处的一个招呼是必不可少的。

《塔木德》上说:"请保持你的礼貌和热情,不管对上帝,对你的朋友,还是对你的敌人。"如果我们能够奉行这一原则,就会在复杂的人际交往中获

第02课　社交中的弱势群体：你为什么那么在意别人的眼光？

益匪浅。有时候，仅仅是一个看似不经意的招呼，会加深你在陌生人心中的印象，会增加陌生人对你的好感。你们之间的关系常常在这种不经意间变得更加密切，而对你赢得陌生人的友谊也有很大的帮助。

1930年，西蒙·史佩拉传教士每日习惯在乡村的田野之中漫步很长的时间。无论是谁，只要经过他的身边，他都会热情地向他们打招呼问好。在他每天打招呼的对象之中有一个叫米勒的农夫。米勒的田庄在小镇的边缘，史佩拉每天经过时都看到米勒在田间辛勤地劳作。这位传教士就会向他打个招呼："早安，米勒先生。"

当史佩拉第一次向米勒道早安时，米勒根本没有理睬，只是转过身子，看起来就像一块又臭又硬的石头。在这个小镇里，犹太人与当地居民相处得并不好，更不可能把这种关系提升到朋友的程度。不过，这并没有妨碍或打消史佩拉传教士的勇气和决心。一天又一天地过去，他总是以温暖的笑容和热情的声音向米勒打招呼。终于有一天，农夫米勒向教士举举帽子示意，脸上也第一次露出一丝笑容了。这样的习惯持续了好多年，每天早上，史佩拉会高声地说："早安，米勒先生。"那位农夫也会举举帽子，高声地回道："早安，西蒙先生。"这样的习惯一直延续到纳粹党上台为止。

当纳粹党上台后，史佩拉全家与村中所有的犹太人都被集合起来送往集中营，最后他被关押在一个位于奥斯维辛的集中营里。从火车上被赶下来之后，他就等在长长的行列之中，静待发落。在行列的尾端，史佩拉远远地就看出来营区的指挥官拿着指挥棒一会儿向左指，一会儿向右指。他知道发派到左边的就是死路一条，发配到右边的则还有生还机会。他开始紧张了，越靠近那个指挥官，他的心就跳得越快，自己到底是左边还是右边？

终于，他的名字被叫到了，突然之间血液冲上他的脸庞，恐惧消失得无影无踪了。然后那个指挥官转过身来，两人的目光相遇了。他发现那位指挥官竟然是米勒先生，史佩拉静静地对指挥官说："早安，米勒先生。"米勒的一双眼睛看起来依然冷酷无情，但听到他的招呼突然抽动了几秒钟，然后也静静地

回道:"早安,西蒙先生。"接着,他举起指挥棒指了指说:"右!"他边喊还边不自觉地点了点头。"右!"——意思就是生还者。

一句简单的问候,小小的招呼——"早安",竟挽救了自己的生命。其实,礼貌和热情都是人际交往的润滑剂。正是那句真诚的问候感动了刽子手,史佩拉才得以生存下来。因此,我们在面对周围的陌生人,尽可能地展现我们的礼貌和热情,主动打个招呼吧。

对社交恐惧患者来说,向一个陌生人打声招呼并不是一件困难的事情。这只是需要我们在见面时互相问候一声"早上好""中午好""晚上好",即使只是一个微笑、点头,那也是一个招呼。有时候,我们并没有因为过多的礼节而挖空心思去与对方寒暄几句,只是打声招呼,就足以唤起对方心中的温暖。没有一个人能够拒绝温暖的微笑和热情的声音,这些不仅仅能够博得对方的好感,也会化解对方冰冷的心。

1. 消除彼此的陌生感

也许在初次见面,第一次打招呼的时候,双方都会觉得有点不自然,彼此是陌生的,也不会有多少的感触。但是,当你们第二次在大街上碰到,你不经意喊出对方的名字,跟对方打个招呼,对方就会觉得有说不出来的亲切感。并且这种亲切感随着你们一天一天的打招呼、彼此寒暄会变得更加强烈,到最后你们再见面时,已经完全没有了疏离感,彼此已经不再陌生,甚至有可能会成为好朋友。其实,人与人之间的关系就是这样建立起来的,仅仅是一个招呼的作用,它就足以让双方不再陌生。

2. 拉近双方之间的距离

在我们日常生活中,领导和下属打招呼,看似很少见的举动,可它正悄悄地拉近上下级之间的距离。这时候,领导不再高高在上,而是像朋友之间的互相问候。领导与下属之间的关系是企业管理的核心,如果下属只是一味地惧怕

第 02 课　社交中的弱势群体：你为什么那么在意别人的眼光？

你，那么，这样的企业就不能进行有效的管理与沟通。当领导与下属因为一声招呼、一句问候而成为朋友，他们之间就是一种平等的关系，当工作出现了问题，双方就可以互相讨论如何来解决问题。因此，领导者要想管理好一个企业，处理好上下级之间的关系，那就从打招呼做起。

告别胆怯，练习当众说话

　　造成社交恐惧症患者当众不能有效说话的最大障碍是什么？胆怯，这也是大多数人面对听众时首先遇到的最大障碍。在现实生活中，我们无法避免的事情就是每天要与各式各样的人打交道。确实，社交就是展现一个人风采的重要场所，你可能会与重要人物交谈，当众表达你的观点，甚至还会出现在酒会、晚宴、谈判的场合。这时因为胆怯，人们却总是选择退却，即使是鼓起勇气去了，却因表现失态，把整个场合搞得更尴尬。当再次需要当众说话时，你又开始胆怯、心慌、全身发抖，时间长了，胆怯在一次次窘态中越来越嚣张，以至于使你几乎抛弃所有的自信和勇气。

　　某一年，纽约举办了一个世界演讲学大会，在这个大会上有许多演讲学的教授需要当众发表自己的论文。当时，有一位教授担心自己的形象得不到大家的认可，他越想越恐惧，结果上台没说几句话就晕倒在地了。这时在他后面一个发言的教授还在不断地练习演讲，一看前面的教授晕倒了，他心里感到一阵恐惧，额头上冒出大量的汗珠，不知不觉地他也在台下晕过去了。

　　在世界演讲学大会上出现了两位教授因胆怯而晕倒，这确实是一件有趣的事情。原来，胆怯是每个人都具备的一种心理素质，只是程度不同而已。不仅仅是内向者才畏惧当众说话，就连许多所谓的大人物也是如此。因此，明白了

这个道理，相信对社交恐惧症患者克服内心的胆怯是很有帮助的。

克服胆怯是社交恐惧症患者当众说话的第一关卡，对此我们应该想法设法克服内心的恐惧，勇敢地跨出当众说话的第一步。

1. 最恐惧的事

美国的心理学家曾做过一个有趣的问卷调查，问题是："你最恐惧的是什么？"调查的结果令人大跌眼镜，"死亡"这件原本让人恐惧的事情却被排在了第二，而"当众说话"却高居榜首。相对于做其他的事情，有41%的人觉得当众说话是最恐惧的事情，甚至比死亡更可怕。同样的调查在大学里也做过，结果有80%~90%的大学生对当众说话很是恐惧。由此可见，在公众场合说话，让人感到恐惧和胆怯是一种很普遍的现象。

2. 心中有听众，眼里无听众

有一位老师初次登台讲课就很不错，有人问他秘诀，他说："我在备课时心中一直想着学生，可上了讲台，我眼中所见，就只有桌椅而已，这样我就不怯场了。"当众说话有一个秘诀叫作"视而不见"，也就是在说话前心中有听众，在讲话时眼里不能有听众，而是按照自己的意思去进行语言表达，对下面的听众视而不见，这样会消除你内心的恐惧感和紧张感。

3. 抱着"无所谓"的状态

任何一个初次当众说话的人都会有些胆怯，既然避免不了当众说话的环节，为什么还需要为此害怕呢？美国前总统罗斯福说过："每一个新手，常常都有一种心慌病。"其实，心慌并不是胆小，而是一种过度的精神刺激。任何人都不是天生敢在公众场合自如说话的，都有一个艰难的"第一次"。只要你抱着"无所谓"，或者"豁出去"的心态，管他三七二十一，这样整个人也就放开了。

第02课　社交中的弱势群体：你为什么那么在意别人的眼光？

多出去走走，与陌生人成为朋友

害怕拒绝，是缘于害怕与陌生人打交道。在生活中，社交恐惧症患者每天总会遇到很多陌生人，与他们有着或亲或疏的关系。通常情况下，他们为了工作、生活，不可能永远限制在自己的狭窄交际圈子里，必须不断地拓展自己的交际圈子，结识更多新的朋友，扩大自己的人脉关系，储备自己的人脉资源。这对于每个人来说，都是必不可少的交际过程。因此，我们每天面对的众多陌生人，他们之中就有我们需要结识的新朋友，他们就是我们即将拓展的交际圈子中的一员。那么，如何与一个完全陌生的人交朋友呢？这是每个社交恐惧症患者都应该思考的问题。

与陌生人成为朋友，最为关键的一步就是要消除彼此之间的陌生感，让对方对你产生一种亲切感，对你失去戒备心理，自愿与你形成一种良好的人际关系。所以，社交恐惧症患者，请打开你紧闭的心灵之门，勇敢地与陌生人成为朋友。

小张是公司采购部的调查员，这次他被委派到乡下调查村民的蘑菇收成情况。由于当天他要处理一些事情耽误了最后一辆班车，而离镇上的招待所又很远，于是他不得不想办法找一户人家住一晚。但是他一连问了好几家，都被主人婉言拒绝了。对此，小张倒也能理解，毕竟谁也不愿意留一个陌生人在家里住宿。可是，天已经越来越黑了，小张决定最后再碰碰运气。

当小张再次敲开一户农家的门时，开门的是一位老大爷，只见他一脸戒备地问道："你是谁？你有什么事吗？"

这次，小张并没有直接说自己想投宿的意思，而是说："大爷，我听说这

个村子里有几家种蘑菇的能手,听说他们对蘑菇的研究比专业的研究人员还厉害,我是公司采购部的调查员,准备调查一下他们的蘑菇收成情况,但是不知道那几家住在哪里,所以向您打听一下。"

那位老大爷听了小张的话,脸上的神情立即缓和了下来:"小伙子,你进来慢慢说吧,这天都黑了,外面黑灯瞎火的,你怎么赶路呀?"

小张连忙道谢,跟随着老大爷一起进了屋,小张看了看老大爷的屋里,不经意间发现了很多晒干的蘑菇。小张走上前去,拿了一朵蘑菇放在手里观察,发现被晒干的蘑菇色泽鲜亮,异常饱满硕大,小张不禁问道:"大爷,您可真会种蘑菇啊!您就是村里几家能手之一吧!"

老大爷听了,乐呵呵地说:"你还别说,我其他没有什么好说的,我这辈子就数种蘑菇有了点成绩。"

小张不禁向老大爷竖起了大拇指:"这已经是巨大的成绩了,您种这种蘑菇有什么讲究吗?"

一个问题打开了老大爷的话匣子,这一老一少就种蘑菇的话题说开了。当然,那天晚上小张就住在了老大爷的家里。

小张并没有直接说出自己想投宿的意思,但是他希望住宿的目的却达到了。他用老大爷引以为豪的种蘑菇作为话题的切入点,迅速地把双方之间的感情距离缩短了。在我们身边的每一个朋友都是从陌生到熟识的,与陌生人交流,如果处理得好,可以一见如故,相见恨晚;如果处理不当,就会导致四目相对,局促无言。

因此,社交恐惧症患者在与陌生人交往的时候,最关键的就是消除对方心里的陌生感。那么,这就需要你掌握几个可行性的技巧和方法。

1. 顺势取材

据说,在西方很多国家见面打招呼的第一句话就是"今天天气怎么样"。这样的场面话当然不错,但是如果你不论时间、地点就一味地谈论天气则会显

第02课 社交中的弱势群体：你为什么那么在意别人的眼光？

得有些滑稽。最好就是结合你们当时所处的环境，顺势取材，随机应变。比如，对方第一次邀请你去他家玩，你不妨就他们家的装修、室内设计进行赞美"这房间设计不错"。对方可能会自豪地说"这都是我的主意"，这样一下子就打开了双方的话匣子。其实，这样的谈话并没有多少实质性的内容，主要是为了消除彼此的陌生感，使双方之间的气氛融洽。

2. 善意的微笑

陌生人之间第一次见面，必然要留下极为深刻的印象。如果你能在陌生人面前露出善意的微笑，那无疑会为你增添不少魅力。人们在面对一个陌生人时，总会多多少少有一种防备心理，不愿意向对方开启心灵之门。但是，微笑是打开对方心扉的钥匙，即使是一个再冷漠的人，他对来自你的微笑也是没有任何戒备心理的。因为，一个微笑不仅不具攻击性，更是一种友好方式的表达。

3. 适当的提问

我们在与陌生人见面时，就免不了要进行语言上的沟通，除了倾听对方的谈话之外，还需要适当的提问，激起对方谈话的欲望。提问是引导话题、展开谈话或话题的一个好方法。提问有三方面的作用：一是通过发问来了解自己不熟悉的情况；二是将对方的思路引导到某个要点上；三是打破冷场，避免僵局。

当然，提问也是需要技巧的，需要避开一些对方难以应对的问题，比如，出乎对方知识水平的问题、对方难以启齿的隐私等。还需要注意提问的方式，不能像查户口一样机械性的提问，你可以适当问"你这次到北京有什么新的感触"，这样才能激起对方谈话的欲望。如果你向对方提问，对方不愿意回答或者回答不上来，那么你要迅速转换话题，化解尴尬的气氛。

赢在自信

别因不自信错过有价值的社交活动

熟悉陌生世界，学会拒绝，先从参加社交活动开始。在日常的社会交际中，总是有许多层出不穷的活动，比如，慈善晚会、新品发布会、某某周年庆、画廊酒会等商务聚会，还有很多鸡尾酒会、圣诞宴会等。其实，并不是人们热衷举办这样形形色色的宴会活动，而是基于人们进行正常社交的心理需求。试想，在一个大型的社交活动中，有多少有品位的人，有多少达官显贵，有多少是功成名就的知名人士，而我们作为社交活动的一员，自然有机会一睹他们的容颜，更有机会与他们建立良好的人际关系，扩充自己的人脉资源。

朱艳艳是上海视点公关公司的总经理，她所建立的人脉网络极其丰富，除了拥有众多的媒体朋友，还有世界500强的公司如联合利华、三菱电机、通用磨坊都是她的客户，她是怎么做到的呢？

朱艳艳在23岁的时候，已经是兰生大酒店的公关部经理了，当时她对自己每天所扮演的角色也显得有些懵懂。几乎每天都是在忙碌中度过的，她们需要把中国文化介绍给外国客人，在圣诞节的时候举办餐会，举办各种新闻发布会，工作的跨度比较大，从举办各类宴会到媒体联络，几年的历练使她建立了一张无所不包的关系网。她拥有一大帮记者、编辑朋友，娱乐、经济、体育记者一应俱全，还有主持人、明星以及政府部门上上下下的工作人员，这无疑就成为她人生中的第一桶"金"，那就是人脉的无形资产。

1997年底，惠而浦与上海一家公关公司的合约即将到期，她的一位在惠而浦工作的老板引见了她，最终获得了这家公司的公关代理权；凭着2001年一

第02课 社交中的弱势群体：你为什么那么在意别人的眼光？

手策划的"奥妙新妈妈大赛"，她成为首位获得国际"金鹅毛笔奖"的中国公关人。

朱艳艳的经历告诉我们，参加一些有价值的社交活动，可以为自己积累庞大的人脉资源网络。这些积累下来的人脉资源，就如同一张人脉存折，会成为你事业成功的基石，也会成为你人生中一笔不可多得的财富。

曾毓芬专门从事高阶人力中介，现今担任昱藤数字人力资源公司总经理，可在四年前，她还是一位普通的职员而已。当时，她为了拓展自己的人脉关系网，参加了人力资源协会。

那时候，她只担任会员服务组一个毫不起眼的组员，但她奉献时间，每个月举办研讨会，把握每一个认识别人的机会，逐渐地，她的知名度打开了，晋身为主委，人脉竞争力也跟着提升，业务自然也跟着蓬勃发展，短短三年的时间，她的月薪从五万跳级到二三十万元。

所以，如果想要学会塑造自己，对于那些有价值的社交活动千万不要错过。每天与形形色色的人打交道，有可能他们中的一位就是你未来的事业合作伙伴，或许还会成为你人生道路上的贵人。

1. 参加活动可以拓展自己的人脉圈子

如果社交恐惧症患者觉得自己所置身的圈子太过于狭窄，那么开拓人脉圈子的最佳途径，就是打破狭小圈子的限制，走向更大的人脉圈子，而参加一些有价值的社交活动则是有效的途径之一。参加一些有价值的社交活动，可以增加自己曝光的机会，所以尽可能地多参加一些宴会、社团活动，即使是公司内部之间的社交活动，也是把自己推销出去的一个渠道，也是结识公司管理高层领导的一个机会。

2. 有选择性地参加一些聚会

除了参加公司内部的社交活动，社交恐惧症患者还可以选择性地参加一些

聚会。几乎每个人都参加过聚会,但是参加什么聚会,如何参加聚会,却是一门学问,无论参加什么样的社交活动,都需要有选择性,比如,符合你的性格、爱好、所处行业、从事的工作、目前需求等。同时,当你在参加聚会的过程中,也需要有意识地选择认识一些人,跟什么样的人维持长期的关系,这有助于扩展你的人脉资源。

第03章
你要如何改善现状：
让交际之路越走越宽

在日常交际中，我们经常会因为"不自信"而导致自己走进交际的死胡同；由于内心有太多顾虑，导致自己陷入许多难堪的境地。不过，即使我们的交际之路越走越窄，我们仍一直在纠结、不自信，这又是为何呢？

挣脱羞怯，大胆表达内心的想法

羞怯心理是一种正常的情绪反应，一旦这种心理产生，人体肾上腺素分泌会增加，血液循环加速，这种反应往往导致大脑中枢神经活动的暂时紊乱，最后导致记忆发生故障，思维混乱，因此羞怯的人经常在人际交往中语无伦次、举止失措。羞怯的人会过分考虑自己给别人留下的印象，总是担心别人看不起自己，不管做什么事情，总会有一种自卑感，总是质疑自己的能力，过分夸大自己的缺点和不足，使自己长时间处于消沉的思想之中。同时，因为羞怯心理的阻碍，使自己无法表达内心的真实情感。

克里斯多夫·迈洛拉汉是一位心理治疗专家，他曾经有一个病人，是30岁的单身女子，非常害怕与人约会。后来在迈洛拉汉的建议下，她写下了与约会有关的一系列事情，如安排出门，在约会时说什么，关于未来又谈些什么等。在将事情整体思考一番之后，她最担忧的是她并不喜欢的男人会爱上自己，一旦出现这样的场面，自己不知道该如何去拒绝。于是，迈洛拉汉告诉她，如果不想再见到约会的那个人，她该怎么样说，一旦她有了这样的准备，约会就变得轻松随意多了。

对此，迈洛拉汉总结说："写日记是一种简易而有效的方法，我们对自身的认识也许比我们自以为知道的更多，当我们用文字将我们的害怕和焦虑梳理一番时，自己也会为之惊讶。"

羞怯心理的产生，是因为神经活动过分敏感和后来形成的消极性自我防御机制。通常情况下，过于内向和抑郁气质的人，尤其是在大庭广众之下不善于自我表露、自卑感较强和过分敏感的人会因为太在意别人对自己的评价而显得

第03章 你要如何改善现状：让交际之路越走越宽

畏首畏尾，表现得很不自信，浑身不自在。

伯·卡登思曾提出这样一个词："社交侦查。假如你要参加一个晚会，最好事先弄清楚哪些人会参加，他们将说些什么，他们的兴趣是什么。假如你要参加一个商业会晤，就应尽可能了解对方的背景材料，这样当你与人交谈时，就有了更大的主动权。"例如，你可以先同一些与自己兴趣相同的人打交道，让他们帮助你树立信心。

许多羞怯的人越想摆脱羞怯，反而表现得越明显，慢慢形成一种恶性循环。所以，我们首先应该接纳羞怯心理，带着羞怯心理去做事，认识到羞怯只是生活的一部分，许多人可能都有这种体验，这样反而会让自己放松下来，逐渐克服羞怯心理。

一位即将毕业的大学生，作为见习老师第一次登上讲台，当学生起立、师生互致问候时，他事先想好的开场白不知跑到哪儿去了。惊慌中，他用颤抖的声音说了句："同学们，再见！"同学们莫名其妙，面面相觑，见老师满脸通红、不知所措，不由得哄堂大笑。

他努力让场面安静下来，但换来的不是镇静，而是脑门上涔涔的汗珠。当他下意识地掏出"手帕"揩汗时，台下又是一阵哄堂大笑。他心里开始纳闷，笑什么呢？经一位学生暗示，他才发现自己手里拿的不是手帕，而是一只袜子。他不由得更紧张了，心想大概是昨晚洗脚时，鬼使神差地把袜子装进衣兜了。

他想避开几十双眼睛的注视，抓起黑板擦擦黑板，整个课堂闹翻了天。他窘得无法自控、无地自容，只好跑下讲台，慌乱中一抬脚又踢翻了讲台旁的热水瓶。

有人说："我从小就怕见到陌生人，在陌生人面前不知所措，从来不主动回答老师的提问，怕在众人面前说话，我今年已经30岁了，在异性面前还是感到很紧张，很不自然，因此影响了我交女朋友，也影响了我与周围人的交往。请问，我这属于一种什么心理障碍？"其实，这就是一种羞怯心理。

在社交场合，常常会有这样的现象：有的人轻松自然，谈吐自如；有的人却手足无措，不知道怎么办才好，言谈举止间显得十分慌张。比如，第一次上讲台的新教师或第一次当众演讲的人也有这样的体验：事先想好的话，一到台上就全忘了。

那么，如何才能克制自己的羞怯心理呢？

1. 增强自信心

在平时的生活中，我们应该清楚自己的缺点和长处，但千万不要为自己的缺点而紧张，而要相信"天生我材必有用"，假如你只看到自己的缺点，那就越发显得自卑、羞怯。假如你抬头挺胸，那自己的智慧和能力就会得到最大限度的发挥，有了自信心，自然能消除羞怯心理。

2. 不要怕被别人说

分析那些害怕在公众场合讲话、羞于自己与人交往的原因，我们很容易发现，他们最怕得到来自别人的否定评价。这样越怕越羞怯，越羞怯越害怕，最终形成恶性循环。实际上，在社交活动中，被人评论属于正常现象，没有必要过分计较。甚至有时候否定的评价还会成为自己不断前进的动力。比如，美国前总统林肯在年轻时就曾被人轰下台，不过他并没有气馁，反而更加努力，最后成为一名演说家。

3. 进行自我暗示

每当自己在公众场合很紧张的时候，就对自己说："没什么可怕的，都是同样的人，不要怕。"通过自我暗示镇静情绪，那么羞怯心理就会减少大半。俗话说得好，万事开头难，只要我们第一句话说得自然，那以后的一切都会顺理成章。

4. 大方与人交往

我们可以向经常见面但说话不多的人，如邮递员、售货员等问好。与人交往，尤其是与陌生人交往，要善于收敛紧张情绪，尽可能地使用一些平静、放松的语句进行自我暗示，这样可以起到缓和紧张情绪、减轻心理负担的作用。

5. 讲究说话技巧

在日常交际中，当我们脸红的时候，不要试图用某种动作掩饰它，这样反而会让我们更加害羞，进一步增加了羞怯心理。我们应该意识到，羞怯只是精神紧张，并不是不能应付社交活动。

6. 说出自己的忧虑

作为一个羞怯者，心理学家建议可以去找一个"可倾诉的人"，比如，家人、朋友或医生，这些人可以善意地对待你的羞怯而不会嘲笑你，向他们倾诉你心中的忧虑，一方面他们可以为你出谋划策；另一方面还可以帮助你摆脱心理负担。

7. 设想最糟糕的情形

我们应该设想一下最糟糕的情形，比如你害怕发表一个讲演，我们设想一下这些问题：你对这次演讲最担心的是什么？演讲失败，被大家笑话；假如真的失败了，最糟糕的局面会是什么；要么我跟他们一起笑，要么我以后再也不演讲了。这样一设想，那最糟糕的结果也不过如此，并不是一场不可接受的灾难，又有什么值得紧张的呢？对于羞怯者而言，普遍的担心就是因紧张而出现的一些身体外部表现被人笑话，如出汗、声音颤抖、脸红等，不过，这些担忧纯粹是多余的，因为这些表现很少会被人注意到。

赢在自信

走入人群,孤芳自赏并不快乐

孤僻心理,也就是我们常说的不合群,不能与人保持正常关系,经常离群独居的心理状态。在日常交际中,主要表现为不愿意与他人接触,待人冷漠,对周围的人常有厌烦、鄙视或戒备的心理。当然,有着孤僻心理的人猜疑心比较重,容易神经过敏,做事喜欢独来独往,不过也免不了被孤独、寂寞和空虚所困扰。

孤僻者缺乏朋友之间的欢乐与友情,交往需要得不到满足,内心很苦闷、压抑、沮丧,感受不到人世间的温暖,看不到生活的美好,很容易消沉、颓废,不合群。由于缺乏群体的支持,整天过着提心吊胆的日子,忧心忡忡,容易出现恐慌心理。一旦这样的消极情绪长时间困扰自己,就会损伤身体,严重的还会有轻生的念头。

小王是一名战士,下士军衔,不过大家都说他性格怪异,冷漠,很少看到他与战友们嬉笑打闹,他独来独往,喜欢溜边,没事总是一个人躲在一个角落,成为部队热闹生活的旁观者。由于他不愿意和别人交流,开会也很少讲话,除非点名叫他,否则是看不到他举手的,而且他说话时总是语速很快,一副很紧张、很小心的样子。战友们都很难了解小王内心的想法,他平日在部队里也是一副"各人自扫门前雪,莫管他人瓦上霜"的态度。

有一天,领导安排四个战士到球场上打球,领导叫小王一起去,小王的第一反应就是:"我不去,我又不会打。"这就是拒绝第一交际,领导说:"好,你不打,陪我去转转总可以吧?不行我们再一起回来。"好说歹说他总算愿意去了,到了球场,大家都在喊"小王,下来一起玩"。小王不吱声看着领导,

第03章 你要如何改善现状：让交际之路越走越宽

领导先下去，他在场边看领导和战友们打，球场上五个人肯定分布不均，领导说："你来吧，不然人不够，你够点意思。"小王说："我不会，打不好。"这时小王就处于"不想交际"了。领导说："就一次，下次我喊其他人，你就陪我们打一次，打一会儿就回去了。"小王不吱声，战友们和领导又喊了几次，他终于下来了。

算是勉为其难进入球场了，当战友们看到他有好位置的时候，就把球传给他，让他投，他迟疑了，战友们都鼓励他投，说他的位置好，赶紧投，他才把球投了出去。当然，他离球筐很近，而且没有防守，球进了，大家都说，看不出来啊，小王还留了一手。他害羞地笑了，但还是一副冷漠的样子。后来在战友们的"配合"下，小王又进了几个球，而且不用战友们说也会自己主动投球。打了一会儿，大家都累了，就坐在球场边上东一句西一句地聊起来，不过话题离不开"小王球打得不错"，看他冷冰冰的脸上羞得红红的，战友们猜测其心里肯定是在想"其实挺好的"。后来大家打球，小王都主动参加了。

小王就是典型的孤僻心理，符合心理孤僻所有的性格行为。那孤僻心理是如何产生的呢？原来，小王的父母在其幼年时死于一场火灾，从小他就跟随爷爷奶奶生活。火灾的发生，给小王留下的不只是身上被大火烧伤过的痕迹，而且还有不完整的人生。在成长的过程中，小王给自己画了一个圈，给自己定了性，自己给自己增加心理暗示，自我的羞耻感、屈辱感不断增强，自我否定意识的不断形成与加剧，表现出了消极的自我评价，对身边人的戒备心理也开始产生了。随着消极的自我暗示的不断出现，他的情商扭曲，慢慢形成逃避现实、孤僻自卑、谨小慎微、容忍退让的懦弱性格。

孤僻心理的产生来自多方面的因素：青年时期的心理特点，使得孤僻心理在青年人中比较多见。青年人正处于成长的关键阶段，世界观和人生观刚开始建立，自认为已经长大成人，经常委屈地感到自己不被理解，有一种莫名其妙的孤独感；一个缺乏强烈事业心的人会产生孤僻的心理；通

常情况下，内向性格的人容易孤僻，因为他们的自我中心观念比较强，内心深处对外界有强烈的抗拒感，往往对外界事物和周围人群表现得很冷漠；童年的创伤经历，如父母离婚、伙伴欺负等不良刺激，都会因他们过早地接受了烦恼、忧虑、焦虑不安的不良情绪体验，会使他们产生消极心境，最终形成孤僻的性格。

那么，如何对孤僻心理进行自我调节呢？

1. 正确认识自己和他人

孤僻者本人要对孤僻的危害有一个正确的认识，打开自己紧闭的心扉，追求人生的乐趣，摆脱孤僻的困扰，同时正确地认识别人和自己，努力寻找自己的优点和长处。孤僻者大都不能正确地认识自己，有的觉得自己比别人强，总想着自己的优点和长处，而看到别人的缺点，自命不凡；有的则比较自卑，总认为自己不如别人，怕被别人嘲笑，而把自己封闭起来。其实，这两者都需要正确地认识别人和自己，多与别人交流思想，沟通感情，享受人与人之间的友情。

2. 敢于与人交往

性格孤僻的人应该多与那些性格外向的人交往，让自己的情绪受到感染，也使自己变得开朗起来。这样一来，在每一次交往中都会有所收获，丰富知识经验，纠正知识上的偏差，既获得了友情，又愉悦了身心。

3. 掌握交际技巧

假如我们在交际方面比较笨拙，可以看一些有关交往的书籍，学习交往技巧，同时多参加正当、有益的集体活动，如郊游、跳舞、打球等，在活动中慢慢培养出自己开朗的性格。

第03章　你要如何改善现状：让交际之路越走越宽

拥抱友谊，割除嫉妒的毒瘤

古人云："人有才能，未必损我之才能；人有声名，未必压我之声名；人有富贵，未必防我之富贵；人不胜我，固可以相安；人或胜我，并非夺我所有，操心毁誉，必得所欲而后已，于汝安乎？"嫉妒，是毒害纯洁感情的毒药，是吞噬善良心灵的猛兽，是丑化面容的黑斑，其气来源于你心中的狭隘与不自信。其实，嫉妒是无能的表现，因为自己不能达到对方的高度，不能获得对方的荣誉，只好用嫉妒心理来维护自己的自尊。培根曾说："在人类的一切情感中，嫉妒之情恐怕是最顽强、最持久的了。"在众多心理状态中，嫉妒是一种心理病态，基于内心的狭隘和不自信，人们很容易产生嫉妒的心理，总觉得自己处处不如别人，埋怨上天的不公平。虽然，"嫉妒之心，人皆有之"，但是，如果这种心理不及时根除，就会越来越束缚我们的内心，使我们浑身上下透不过气来。

嫉妒心理是具有等级性的，也就是说，只有处于同一竞争领域的两个竞争者才会有嫉妒心理和嫉妒行为。通常情况下，人们只会嫉妒与自己处于同一竞争领域的比自己表现优越的人，而不会嫉妒与自己不在一个领域中的人。周瑜嫉妒诸葛亮，也是因为诸葛亮与自己处在同一个领域，而且，诸葛亮的能力比自己强；他不会去嫉妒一个与自己不处于同一领域的人，如曹操、孙权。

赤壁之战结束后，孙、刘两家均欲取荆襄之地，如此一来，才能凭借长江之险，与曹操抗衡。刘备屯兵在油江口，周瑜知道刘备有夺取荆州的意思，便亲自赶赴油江与刘备谈判。谈判之前，刘备心中忧虑，孔明宽慰他说："尽着

赢在自信

周瑜去厮杀,早晚教主公在南郡城中高坐。"后来,周瑜在攻打南郡时付出了惨重的代价,不仅吃了败仗,而且自己还身中毒箭,不过,周瑜还是将曹仁击败。可是,当周瑜来到南郡城下,却发现城池已经被孔明袭取,周瑜心中十分生气:"不杀诸葛村夫,怎息我心中怨气!"

周瑜一直想夺回荆州,先后与刘备谈判均无好的结果,这时,刘备夫人去世。周瑜便鼓动孙权用嫁妹之计将刘备诱往东吴而谋杀之,继而夺取荆州。没想到此计又被诸葛亮识破,将计就计让刘备与吴侯之妹成了亲。到了年终,刘备以孔明之计偕夫人几经周折离开东吴,周瑜亲自带兵追赶,却被关羽、黄忠、魏延等追得无路可走。顿时,蜀军齐声大喊:"周郎妙计安天下,赔了夫人又折兵!"这次,周瑜气得差点昏厥过去。

过了一段时间,周瑜被任命为南郡太守,为了夺取荆州,周瑜设下了"假途灭虢"之计,名为替刘备收川,其实是为夺荆州,不想再次被孔明识破。周瑜上岸后不久,就有大队人马杀过来,言道"活捉周瑜",周瑜被气得箭疮再次迸裂,昏沉将死,临死前还长叹:"既生瑜,何生亮!"

莎士比亚说:"您要留心嫉妒啊,那是一个绿眼的妖魔!"周瑜本聪明过人、才智超群,但却心胸狭隘,对于比自己技高一筹的诸葛亮耿耿于怀,心生嫉妒,最终落得个气绝身亡、怀恨而死的下场。嫉妒是一种心理病态,宛如毒药,周瑜被嫉妒的心态所蒙蔽,最后,无异于自饮毒酒。他因嫉妒而死,我们不难发现,嫉妒之源来自两方面:一是心胸狭窄、狭隘,二是对自己不够自信。试想,如果周瑜心胸开阔,对自己充满自信,他也不会英年早逝。

好嫉妒的人,不能容忍别人的快乐与优越,在嫉妒心理的刺激下,他们会用各种方式去破坏别人的快乐与幸福,有的人会用流言蜚语来恶意中伤他人,有的人用打小报告来排挤对方。好嫉妒的人,他们的心理既自卑又阴暗,几乎享受不到阳光的美好,也体会不到生活的乐趣。嫉妒是人性的弱点之一,它是一种比较复杂的心理,包括了焦虑、恐惧、悲哀、猜疑、羞耻、怨恨、报复等不愉快的情绪。他们嫉妒的对象可以是天生的身材、美丽的容貌以及他人身上显露出来的聪明才智。另外，一些社会评价的各种因素，诸如金钱、地位、荣誉等也会成为他们嫉妒的对象。

1. 培养自己豁达的心态

嫉妒心常常来自生活中某方面的缺乏。当我们产生嫉妒心理的时候，也许是因为别人得到了你想要的地位或荣誉。于是，总是有种"缺乏感"来扰乱想法、感觉，它将引起嫉妒心这种强烈的负面心理状态，自己被嫉妒心纠缠，并不断强化和持久化这种负面心理。其实，为了摆脱这种负面的心态，我们需要培养自己豁达、洒脱的心态，懂得"天外有天，人外有人""强中自有强中手"，相信对于自己还有机会，这样嫉妒之心就慢慢被消减了。

2. 转移自己的注意力

如果我们还有很多事情要做，自然就没有时间去嫉妒别人了。为了缓解失败而带来的心理失衡，我们可以找一些事情来做，使自己不再嫉妒别人。因此，在工作之余，积极参加各种有益的活动，努力学习，使自己真正变得充实，这样，嫉妒心将被逐渐瓦解，自己的心性也慢慢被提升了。

告别虚荣，内心清澈方能从容面对人生

虚荣心是一种追求表面的虚荣而使自己获得别人的尊重或被别人羡慕所产生的一种自我满足心理。心理学家认为，虚荣心是自尊心的过分表现，是为了赢得荣誉和引起普遍关注而表现出来的一种不正常的社会情感。当然，虚荣心的产生与人的需求有关系，人类的需要分生理的需要、安全的需要、归属和爱

的需要、尊重的需要和自我实现的需要。其中，尊重的需要包括对成就、力量、权威、名誉、地位、声望等方面。一个人的需要应当与自己的现实情况相符合，否则就要通过不正当的手段获得满足，假如是在条件不具备的情况下，达到自尊心的满足就产生了虚荣心。

在日常生活中，我们常常听到虚荣的心声："你看，隔壁的王先生多潇洒，楼下的阿松自己买了小车，对面的小张刚刚炫耀说又订了一套别墅，看看我们自己，还住在筒子楼，要钱没钱，要车没车，工作也不好……"俗话说："人比人，气死人。"虽然，人与人之间的比较是一种常见的心理活动，但是，如果我们时刻用消极的心态去攀比，贪恋虚荣，不仅会在比较中迷失自己，心中也会燃起虚荣的熊熊大火，早晚有一天，会因虚荣之心而把自己气死。

早上，王雯穿着新买的裙子上班，心里别提多美了。她想：这身打扮应该会把办公室那群人给比下去，不知道多少人会称赞自己有品位呢。她一边想，一边乐，忍不住对着公司大门的镜子整理头发。来到办公室，王雯还没来得及炫耀自己的新裙子，就看到一大群女人正围着李倩，嘴里发出阵阵赞叹声。王雯心中顿感不快，凑过去一看，原来，李倩今天也穿了新裙子，而且，无论是款式还是质量，都在自己所穿的裙子之上。王雯看了一眼，满脸不屑，气冲冲地走了，身后传来同事的议论："她总是这副样子，爱比较，比了又生气，真是，搞不懂这个人……""可不是嘛，要我说啊，就是嫉妒心在作怪，每次都这样子，都已经习惯了。"

听了同事们的议论，王雯心中的怒火腾地起来了，她回过头，大声责问道："你们说谁呢？"同事们纷纷走开了，只留下脸红脖子粗的王雯。气愤的王雯进了卫生间，对着镜子重新审视自己的裙子，越看越生气。本来只是发泄心中的怨恨，没想到，新买的裙子居然被她猛地扯出了一条长长的口子。看着镜子中的自己，王雯气得哭了起来。

对于一些私心较重、心理欲望较大的人来说，他们时常会因为攀比把自己

第03章 你要如何改善现状：让交际之路越走越宽

气得够呛，而他们往往不知道到底错在哪里。心胸狭窄的人，总喜欢以己之长比他人之短，喜欢计较个人名利得失，越比较越痛苦，感觉自己真的"吃了亏"或"运气不好"，甚至，开始抱怨自己"生不逢时"。看到自己的朋友当了官、发了财，自己的心里就很不平衡，总想着之前他还不如自己呢，但是，他们却不去思考对方取得成功的原因。

虚荣心理的产生源于三个方面：不能正确对待自己与别人的优劣，对条件比自己差的人容易产生虚荣心，那些有着强烈自尊心的人也容易产生虚荣心；对于过分重视荣誉的人，为了顾全自己的荣誉和面子，往往不惜弄虚作假；过分重视舆论效应的人容易产生虚荣心理。虚荣心强的人不是通过真实的努力获得应有的尊重，而是利用谎言、投机等不正常的手段沽名钓誉，一旦这样虚假的自尊被揭穿，就有可能使其心理在极短的时间内全面崩溃。

那么，如何克制自己的虚荣心理呢？

1. 树立正确的荣辱观

我们对荣誉、地位、得失、面子要保持一种正确的认识和态度。我们在社会上要有一定的荣誉和地位，这是心理的需要。但是，若过分追求荣誉，显示自己，就会使自己的人格扭曲。

2. 把握攀比的度

攀比是人们常有的社会心理，不过我们需要把握好攀比的方向、范围与程度。从方向上讲，需要多立足于社会价值而不是个人价值的比较。例如，比一比个人在公司里的地位、作用与贡献，而不是只看到个人工资的收入、待遇的高低。从范围上讲，就是健康的比较。例如，比成绩，比干劲，比投入，而不是贪图虚名，嫉妒他人表现自己。

3. 克制虚荣心所表现出来的各种行为

假如我们已经出现自夸、说谎、嫉妒等病态行为，那就可以采用心理训练的方法进行自我纠正，这种方法源于条件反射的负强化原理，也就是说，当病态行为即将或已经出现的时候，施以一定程度的自我惩罚，时间长了，虚荣行为就会慢慢消退。

远离猜疑，信任是人际交往的基础

猜疑心理，就是在交往过程中，自我牵连倾向太重，总觉得什么事情都会与自己有关，对他人的言行过分敏感、多疑。《三国演义》中有这样一段描写：曹操刺杀董卓败露后，与陈宫一起逃至吕伯奢家。曹、吕两家是世交。吕伯奢一见曹操到来，本想杀一头猪款待他，可是曹操因听到磨刀之声，又听说要"缚而杀之"，便大起疑心，以为要杀自己，于是不问青红皂白，拔剑滥杀无辜，这就是一出由猜疑心理导致的悲剧。

猜疑心理无疑是人性的弱点之一，自古以来都是害人害己的祸根。一个人一旦坠入猜疑的陷阱，那必定是神经过敏，事事捕风捉影，对他人失去信任，对自己同样心生疑窦，从而损害正常的人际关系。生活中那些猜疑心理很重的人，整天疑心重重，无中生有，认为人人都是不可信、不可交的。比如，有的人见到别人背地里讲话，就会怀疑是在讲自己的坏话；有人对他态度冷淡一些，就会觉得是不是对自己有了看法。他们总觉得别人在背后说自己的坏话，或给自己使坏。同时，有猜疑心理的人尤其留心外界和别人对自己的态度，别人脱口而出的一句话他很可能都要琢磨半天，努力找寻其中的潜台词。实际上，猜疑心理，就是人为地制造了障碍。

第03章　你要如何改善现状：让交际之路越走越宽

他和她认识在浪漫的大学时代，然后在一大帮朋友的撮合下开始了恋爱。他很爱她，这是众人皆知的；她也很爱他，这一点，没有人怀疑。朋友都说她就像是他的影子，总是跟在他身边，形影不离。有人说，距离产生美。但他们却异口同声地反驳：有了距离，美也就没有了。

她不喜欢他抽烟，特别是在公共场合，他就不抽，只要她高兴；她还不喜欢他上网打游戏，说那样会玩物丧志，他也可以不打，因为他认为她说得很对。她不让他做的事情，他从来不坚持，因为他觉得她也是为了自己好，他应该尊重她。渐渐地，他已经习惯了她这样左右自己的生活，而她觉得只有这样，才能充分说明自己在他心目中的位置。

大学毕业后，他们开始工作了。他的工作时间并不是法定的八小时，而是变得更长。刚开始，她只是埋怨他没有时间陪她，但是后来，这种埋怨逐渐升级为猜疑。有一次，他加班回来已经是深夜一点了，他一进门就看到她坐在床上，他问她为什么还没有睡，她阴阳怪气地说想等他回家闻闻身上有没有香水味，他只当她开玩笑，脱衣服去洗澡，可洗完之后却发现她正在床上翻自己的口袋。那天晚上，两个人都无法入睡。

后来，她每天都会打数十个电话查岗，他终于有一天忍无可忍生气地吼道："我在单位，你可以放心了吧！"类似的情景愈演愈烈，每天都会有歇斯底里的争吵，本来深厚的感情一点点地被扼杀了。

在爱情的世界里，我们都有过感动、有过信任，但在某些时候，这样的信任远远不及自己的猜疑。到底是什么扼杀了爱情？其实，真正的原因就是自己抓得太紧了，对方没有足够的呼吸空间，爱情因窒息而死。当爱情逝去了，人们才开始追悔"自己为什么会傻到去猜疑一个如此爱自己的人，甚至做出那么多愚蠢的行为"，纵然幡然醒悟，但为时已晚，终究亲手扼杀了一段美丽的爱情。一直以为，只要有爱，没有什么是不可以的，但是，现在想来，爱情和人一样，也需要空间，也需要氧气，这样才能获得最起码的生存。

刚开始恋爱，也许爱需要感性一点，即使缠绵一点也很正常，但不可能整

赢在自信

段爱情都是如此。爱情只是生活的一部分，除了谈恋爱，还需要生活、工作，不可能24小时都放在对方身上。在爱情里，每个人都需要保留一点自我的东西，不要过于依附对方。爱情就像吃饭一样，只要八分饱就可以了，爱一个人不要爱到十分，爱得太过会让对方产生窒息的感觉，也会成为一种爱的束缚。那么，剩下的两分就是两个人自由呼吸的空间。在爱情里，舍弃捆绑的爱情，学会为对方留出一点空间，让爱自由呼吸！

第04章
"不自信"的心理成因：
直面内心软弱的自己

"不自信"心理就是一个怪圈，一旦陷进去似乎就无法自拔，不管我们说话还是做事都会因别人的评价而有所顾忌。其实，很多时候，自己并没有那么重要，我们不是焦点，我们只是普普通通的人。所以，卸下心中的包袱，以轻松的心态面对生活，这样我们才会体味到生活的快乐。

赢在自信

你没有自己想象得那么重要

焦点效应，也叫社会焦点效应，是人们高估周围人对自己外表和行为关注度的一种表现。简单地说，人类往往把自己看作一切的中心，而且直觉地高估别人对自己的关注程度。在现实生活中，每个人或多或少都会有焦点效应的体验，这种心理状态让我们过度关注自我，过分在意聚会或者工作集会时周围人对我们的关注程度。基于焦点效应心理，我们会因为聚会上站在角落或者弄洒了饮料而自认为很失败。我们总是觉得社会聚焦灯会格外关注自己，但其实并不是这样，假如我们仔细观察，就会发现那些注意我们把饮料弄洒或其他尴尬场景的人并没有想象中的那么多，所以我们完全没必要紧张。

你是否曾因为在某一次派对上把饮料洒了一身而懊恼很久；你是否曾在公众场合摔倒，然后在几秒内快速爬起来，还要装得若无其事？假如你的答案为"是"，那恭喜你，你已经是焦点效应的群体成员了。心理学家曾经做了这样一个实验：让康奈尔大学的一名学生穿上某名牌T恤，然后进入教室，穿T恤的学生事先估计会有50%的同学注意到他的T恤。不过，结果却让人意想不到，只有23%的人注意到了这一点。通过这个实验表明，我们总觉得别人对我们格外关注，但事实上并不是这样。最终得出的结论就是：我们对自我的感觉总是占据了我们世界的重要位置，在不知不觉间，我们放大了别人对我们的关注程度，而通过对自我的关注，我们会高估自己的突出程度。

小资是一名歌手。以前，她也有过抱怨，每次上节目，她都会抱怨："自己太辛苦，实在受不了压力太大的生活。有时候，为了讨好歌迷、媒体，我一

第04章 "不自信"的心理成因：直面内心软弱的自己

年发行两张专辑，但是，自己又想把工作做得更好，这样的工作量简直令我崩溃。"以前的工作时间安排得很紧，如果白天上通告做宣传，晚上，还要去录音棚完成下一张专辑的录制。这样的生活节奏超出了小资可以承受的范围，每天，她都感觉很累，而且心中的怨气无处诉说。最后，在内心快要崩溃的时候，她选择退出了歌坛。

在四年的休息时间里，小资做自己喜欢的事情，她说："以前大家都是看我怎么变化，现在我是用自己的脚步来看大家的改变。虽然现在我年纪大了，似乎变得老了一些，但是，年龄并不是我能掩盖的东西，我也想永远年轻，但是我懂得这就是时间给我的礼物。在成长的过程中，我得到的最大的一份礼物是不用费劲去证明，只需要做自己喜欢的事情，跟着自己的步伐就可以了。在以后的时间里，如果我能完全坚持自己的选择，那就是最好的生活。"或许，年龄对于小资来说，似乎是大了一些，但是，这样一个年龄却是不需要讨好任何人的。最近，小资复出了。在工作上，她已经与唱片公司达成了一致的意见，不需要拿任何事情炒作新闻，同时，不需要为了赢得名气而故意报唱片的数字。自己可以自由自在地唱歌，这是小资最喜欢的一种状态。

她这样告诉所有的媒体："我不需要讨好所有的人，我只需要做自己喜欢的事情。"然而，就是这样一句话，令所有的媒体工作者既羡慕又嫉妒。因为，对于媒体工作者而言，他们的工作就是在讨好所有的人，从而承受委屈和放弃自尊。每天，都有许多人为了人际交往，为了生存而讨好他人，他们这样感到很累，甚至，感到心力透支。到底为了什么，我们需要对身边所有的人尽力讨好呢？切忌，不要把自己想得太重要了。

焦点效应，可以说在现实生活中是无所不在的。举个例子，同学聚会时拿出集体照片，每个人第一时间都是找到自己。当我们跟朋友聊天的时候，会很自然地将话题引到自己身上来，而且每个人都希望成为焦点，被众人评论。若是和初次见面的人一起用餐，不小心把酒杯打翻，在夹菜过程中出现了失误，这时我们都会很尴尬，会觉得别人都在看自己的笑话。许多人都会有这样的感

觉，即使不那么强烈也会觉得不好意思，接下来的举动就会变得小心翼翼。这都是正常的表现，因为我们都很想在初次见面时给他人留下好印象，然而，真相就是自己没那么重要，完全没必要那么紧张。

1. 不要"好人缘"，委屈了自己去讨好别人

在日常生活中，我们都会羡慕那种所谓的"好人缘"，似乎每个人跟他都能聊到一块儿去。更关键的是，他所说的每一句话，所做的每一件事，都是按照大家的心思而来的，他没有理由不受到大家的喜欢。在公司，上司说这个方案不行，他一句话不说，马上改成了上司喜欢的方案；挑剔的同事说，你今天的打扮好像不太和谐，第二天，他就真的换了一套符合同事眼光的服饰；在家里，爸妈说，你新交的男朋友没有固定的工作，她就真的决定与男友分手，重新找了一个让父母觉得满意的男朋友。在这个过程中我们发现，自己不过是在讨好身边的人而已，我们逐渐失去了自己。

2. 不需要成为焦点，自己喜欢才重要

我们生活的最初点，似乎都是在讨好所有的人，让自己成为焦点，而从来没有讨好过自己。事实上，我们要懂得这样一个道理：你不需要讨好所有的人，只有自己喜欢才是最重要的，因为，在你的生活里，没有任何人来分担你的烦恼和愤怒。

贴标签效应：我，正如我思

贴标签效应，就是当一个人被一种词语名称贴上标签时，他就会进行自我印象管理，使自己的行为与所贴的标签内容一致。从心理学角度说，之所以会

第04章 "不自信"的心理成因：直面内心软弱的自己

出现"贴标签"的现象，其实是因为标签有定性引导的作用，不管是好还是坏，它对一个人的个性意识的自我认同都有强烈的影响作用。假如我们给一个人贴标签，那结果往往就是使其向"标签"所喻示的方向发展。心理学家曾做了这样一个实验：他要求人们为慈善事业作出贡献，然后按照他们是否有捐献行为，贴上"慈善的"或"不慈善的"标签，另外一些被试者则不贴标签。后来再次要求他们捐献时，标签就有了使他们以第一次的行为方式去行动的作用，也就是那些第一次捐了钱并被标签为"慈善的"人，比那些没有标签过的人要捐得多，而那些第一次没有捐钱被标签为"不慈善的"人比没有标签的贡献更少。当然，假如贴的标签不是正面、积极的，那么，被贴标签的人就可能朝与所贴标签内容相反的方向行动。假如我们给自己贴上的标签是懦弱的，那我们所表现出来的举动就是懦弱的。

第二次世界大战期间，美国由于兵力不足，而战争又确实需要一批军人。于是，美国政府就决定组织被关在监狱里的犯人上前线。因此，美国政府特派了几个心理专家对犯人进行了战前的训练和动员，并随他们一起到前线作战。训练期间心理学专家对他们不进行过多的说教，而尤其强调犯人每周给自己最亲的人写一封信，信的内容由心理学家统一拟定，叙述的是犯人在狱中的表现如何好、如何接受教育、改过自新等。专家要求犯人们认真抄写后寄给自己最亲爱的人。3个月后，犯人们开赴前线，专家们要求犯人给亲人的信中写自己是怎样服从指挥，怎么勇敢等。最后，这批犯人在战场上的表现比起正规军来丝毫不逊色，他们在战斗中正如他们信中所写得那样服从指挥。

研究那些所谓的成功者的成长经历，发现他们对自我都有一种积极的认识和评价，换言之，就是给自己贴上了一张积极的标签，从而产生一种自信。这种自信是一种魔力，即使他们在认清了自己的现状之后，依然能够保持奋勇前进的斗志，而这也是他们必须依赖的精神动力。

有一天，著名的成功学家安东尼·罗宾接待了一位走投无路、风尘仆仆的流浪者。那人一进门就对安东尼说："我来这儿，是想见见这本书的作者。"说着，

他从口袋里掏出了一本《自信心》，这本书是安东尼多年以前写的。安东尼微笑着请流浪者坐下，那人激动地说："是命运之神在昨天下午把这本书放入了我的口袋中，因为当时我已经决定要跳进密西根湖，了此残生。我已经看破了一切，我对这个世界已经绝望，所有的人都已经抛弃了我，包括万能的上帝，不过，当我看到了这本书，我的内心有了新的变化，我似乎看到了生活的希望，这本书陪伴我度过了昨天晚上，我下定了决心，只要我能见到这本书的作者，他一定能帮助我重新振作起来，现在，我来了，我想知道你能帮助我什么呢？"安东尼打量着流浪者，发现他眼神茫然、满脸皱纹、神态紧张，他已经无可救药了，但是，安东尼不忍心对他这样说。

安东尼思索了一会儿说："虽然我没有办法帮助你，但如果你愿意的话，我可以介绍你去见本大楼的一个人，他可以帮助你东山再起，重新赢回原本属于你的一切。"听了安东尼的话，流浪者跳了起来，他抓住安东尼的手，说道："看在老天爷的分儿上，请你带我去见这个人！"安东尼带着他来到进行个性分析的心理实验室，面对着一块好像挂在门口的窗帘布，安东尼将窗帘布拉开，露出一面高大的镜子，流浪者看到了自己。安东尼指着镜子说："就是这个人，在这个世界上，只有你一个人能够使你东山再起，除非你坐下来，彻底认识这个人，当作你从前并不认识他，否则，你只能跳进密西根湖了，只要你有勇气重新认识自己，你就能成为你想做的那个人。"流浪者仔细地打量自己，低下头，开始哭泣起来。几天后，安东尼在街上碰到了那个人，他已经不再是一个流浪汉了，而是成了西装革履的绅士，后来，那个人真的东山再起，成了芝加哥的富翁。

每个人都梦想过自己能成为什么样的人，也许是科学家，也许是医生或者律师，不过，大多数人宁愿梦想着，而不是实践着，甚至他们希望得到别人的救赎。事实上，想做自己希望成为的人很简单，只要相信自己，给自己贴上积极梦想的标签，朝着梦想勇敢地奋进，那么，我们就真的能够成为我们所希望的那个人。

第04章 "不自信"的心理成因：直面内心软弱的自己

不管我们所遇到的场合多么严肃，都需要给予自己积极的暗示，告诉自己一切都会好，不要给自己贴上胆小怯弱的标签，一旦你这样认为，渐渐地，你就真的会成为那样的人。假如你暗示一切都会好，那我们就真的会成为标签上所写的那样的人。

许多人都有消极的心理，他们自卑而懦弱，总认为自己一事无成，成不了大器。结果，就在这一次次消极的心理暗示中，他们真的成了那种无所事事的闲人。假如我们给予自己的都是积极的心理暗示，那自己就真的会朝着这个方向发展。

学会欣赏自己，别不自信

如果一个人太自卑，看自己哪里都是缺点，那么，他内心的怨气恐怕是发泄不完的，每天的生活除了自卑就是自卑。子曰："不患人之不知己，患不知人也。"对于一个人来说，最担心的就是自己不够了解自己，更为关键的是，不懂得欣赏和肯定自己，因为有时候那些莫名其妙的怒火其实是源于内心的自卑。他们习惯对自己挑剔，总是觉得这里不满意，那里也不如意，诸如，身高不够高，身材不够性感，脸蛋不够漂亮，家庭条件不够好等，这一切都可以成为他们自卑的理由。对此，心理专家建议我们学会肯定并欣赏自己，千万不要自卑。

有一个衣衫不整、蓬头垢面的女孩，她长得很美，不过，总是表现得满脸怨气。有人跟她聊天，她也显得心不在焉，聊天的人都沉默了。有一天，一位心理学家语重心长地告诉她："孩子，你难道不知道你是一个非常漂亮、非常好的姑娘吗？""您说什么？"姑娘有些不相信地看着对方，美丽的大眼睛里有泪，但更多的是惊喜。原来，在生活中，她每天所面对的都是同学的嘲笑、母亲的责骂，在这种生活中，她已经失去了自信，而自卑则成为她怨气的根源。事实上，每个人都不是完美的，可能在我们的身上存在一些可爱的缺陷，但是，无论是缺点还是优点，那都是我们自己，我们首先应该接受并欣赏自己。即使某一方面做不到绝对的完美，那又有什么关系呢？根本没有必要把它作为自卑的理由，否则，除了生气，我们没有时间和精力来做其他的事情。

林黛玉刚刚进荣国府的时候，对她就有一句评语："心较比干多一窍。"后来，林黛玉看到史湘云挂了金麒麟，想起宝玉最近也得到了一个金麒麟，林黛玉便开始生气："便恐就此生隙，同史湘云也做出那些风流佳事来。"于是，林黛玉便去偷听，结果却听到了宝玉厌烦史湘云劝他留心仕途经济的话，宝玉说："林妹妹不说这样的混账话，若说这话，我也和她生分了。"黛玉听到这样的话，心中想："不觉又惊又喜，又悲又叹。所喜者，果然眼力不错，素日认他是个知己。所惊者，他在人前一片私心称扬于我，其亲热厚密，竟不避嫌疑。所叹者，你既为我之知己，自然我亦可为你之知己，既你我为知己，则何必有金玉之论哉；既有金玉之说，亦该你我有之，则又何必来一宝钗哉！所悲者，父母早逝，虽有刻骨铭心之言，无人为我主张。况近日每觉神思恍惚，病已渐成，医者更云气弱血亏，恐致劳怯之症，你我虽为知己，但恐自不能久持；你纵为我知己，奈我薄命何！"

有一次看戏，大家都看出那个演小旦的有点像林黛玉，只是都不肯说，史湘云却是快人快语，一下子就说了出来，林黛玉感觉自己受辱了，马上就生气了。怕黛玉生气，宝玉使眼色给史湘云，本来宝玉是一片好意，黛玉却更加生气。

后来，黛玉说起宝琴来，想到自己没有姊妹，不免心生怨气，又哭了。宝玉忙劝道："你又自寻烦恼了，你瞧瞧，今年比去年越发瘦了，你还不保养，每天好好的，你必是自寻烦恼，哭一会儿，才算完了这一天的事。"黛玉拭泪道："近来我只觉得心酸，眼泪却好像比旧年少了些的，心里只管酸痛，眼泪却不多。"宝玉说道："这是你平时哭惯了心里疑的，岂有眼泪会少的！"

第04章 "不自信"的心理成因：直面内心软弱的自己

林黛玉也明白，自己的病是因性情所起，但是，她没有为之作出改变，真是令人叹息。虽然林黛玉各方面条件都不差，但是，父母都已不在人世，自己又寄人篱下，心中未免有点自卑，这成了其怨气的根源。在林黛玉身上所体现出来的特点是：既才华出众，又多疑多惧。很多时候，她不懂得欣赏自己，自然没有办法快乐起来，怨气越来越重，最终成了一种病。

1. 自己就是与众不同

索菲亚·罗兰刚刚进入演艺圈时，制片商给予了善意的建议："如果你真的想干这一行，就得把鼻子和臀部'动一动'。"但是，肯定并欣赏自己的索菲亚却拒绝了这样的建议，她说："我懂得我的外形和那些已经成名的女演员不一样，她们都相貌出众，五官端正，而我却不是这样，我的脸毛病很多，但这些毛病加在一起反而更加有魅力。说实在的，我的脸确实与众不同，但是，我为什么要和别人一样呢？"索菲亚的自我欣赏与肯定并没有令大家失望，后来，她被誉为世界上最具自然美的人。

2. 夸夸自己

无论自己有着多么独特的缺点，都不要嫌弃它，我们需要以一种欣赏的眼光来看待，因为这个世界不需要大众化的美，而需要独特的美。在这一点上，每一个人都应该相信自己拥有一种与众不同的美，请学会欣赏与肯定自己吧！

人无完人，犯错是正常的

俗话说："金无足赤，人无完人。"在这个世界上没有完美的事物，任何事物都有它的长处和短处。一个人总有失误的时候，谁也不敢保证自己就是永

远的成功者;一个人总有这样或那样的缺陷,谁也不能保证自己是最完美的。许多人忍受不了自己的错误,总觉得不好意思,习惯用放大镜来看待自己的错误,从而陷入深深的自责中,不可自拔,甚至,他们不能原谅自己。

事实上,每个人都会犯错,没什么了不起,不要用放大镜来看待自己的错误,自己生自己的气。既然错误已经犯了,我们所要的就是想办法弥补错误,完善自己,以免再犯类似的错误。一些爱生气的人往往是完美主义者,他们不能够容忍自己犯错误,从而导致内心的烦恼、不满情绪不断滋生。其实,这是没有必要的,不要为自己标榜上"成功者"的印记,我们首先要承认自己不过是一个普通人,既然避免不了犯错误,就要尝试着接受那个犯错的自己,学会原谅自己,不要纠结在自责中,平复内心的情绪,懂得知错就改,这样,我们才能凡事不纠结。

有一天,一个身材高大魁梧的人走在库法市场上,他的脸被晒得黝黑,而且,还残留着战场上的痕迹。市场里坐着一个无聊的商人,他看到那个高大的人走过来,便想逗逗他,以显示自己的搞笑本领。于是,商人将垃圾扔向那个过路人,但是,那个高大的过路人并没有因此而生气,继续迈着稳健的步伐朝前走去。

当那个人走远以后,旁边的人问那无聊的商人:"你知道刚才你侮辱的人是谁吗?"商人笑着回答:"每天有成千上万的人从这里经过,我哪有心思去认识他呀?难道你认识这人?"旁边的人立即惊呼:"你连这人都不认识!刚才走过去的就是著名的军队首领——马力克·艾施图尔·纳哈尔。"商人涨红了脸,似乎不太相信:"是真的吗?他是马力克·艾施图尔·纳哈尔?就是那个不但敌人听到他的声音四肢发抖,连狮子见到他都会胆战心惊的马力克吗?"旁边的人再次肯定地回答:"对,正是他。"商人惊恐地说:"哎呀!我真该死,我竟做了这样的傻事,他肯定会下令严厉地惩罚我。"

想到关于马力克·艾施图尔·纳哈尔的传言,商人心惊胆战,深深自责刚才的错误。他马上关了店门,整个人蜷缩在被子里,等着马力克的惩罚。可是,

第04章 "不自信"的心理成因：直面内心软弱的自己

一天过去了，马力克没有来，一周过去了，马力克还是没有来。虽然，马力克并没有出现，但是，商人内心的恐惧却越来越重，他不能原谅自己的过错。邻居们都来劝慰："马力克将军是多么有修养的人，怎么会跟你计较呢？"商人还是摇摇头，整个人看上去既憔悴又疲惫。

商人已经陷入了深深的自责中，即使马力克原谅了他，但他仍打不开那个心结，深陷自责的痛苦。心理学家表示：那些无法原谅自己错误的人，其实是对自己有着严格要求的人。而商人之所以无法原谅自己，是缘于内心的害怕，他不断自责之前所犯下的错误，是因为害怕受到相应的严厉惩罚。

约翰尼·卡特是著名的灵魂歌手，有谁知道他曾经也犯过一次错误呢？在约翰尼·卡特的事业蒸蒸日上的时候，他却感到自己的身体似乎被拖垮了。为了保证演出，每天他都需要借助安眠药才能入睡，还需要服用"兴奋剂"来维持第二天的精神状态。后来，卡特的坏习惯越来越严重，一位行政司法长官对他说："约翰尼·卡特，今天我要把你的钱和麻醉药还给你，因为你比别人更明白你能充分自由地选择自己想干的事，这就是你的钱和麻醉药，你现在就把这些药片扔掉吧，否则，你就去麻醉自己，毁灭自己，你自己作出选择吧！"那一瞬间，卡特醒悟了，然而，自己的过错能赢得歌迷的原谅吗？卡特并不知道，但是，他明白，只有自己才能原谅自己。于是，他开始戒毒，经过了长时间的坚持，他成功了，重新回到了久别的舞台。在那里，他赢得了所有歌迷的原谅，不过，每每说起过去的回忆，卡特总不忘说一句："我并没有放大我的错误，我只是用自己的行动告诉别人，我可以改正错误。"的确，我们应该永远记住这样一句话：犯错并不是一件特别严重的事情，别不好意思犯错，原谅自己吧！

人与人之间为什么会有永远的伤害呢？其实，大多时候是由于一些彼此无法释怀的坚持所造成的。如果我们能从自己做起，宽容地对待自己，原谅自己无意或有意犯下的错误，相信一定会收到意想不到的效果。当我们开启一扇窗户的时候，我们会看到更完整的天空。

1. 学会宽容自己

一个人需要学会宽容，因为宽容是一种美德，一种素质。而且，首先，我们要宽容的就是自己，这样我们才有更宽广的胸怀去宽容别人。如果连自己都宽容不了，我们又怎么能原谅别人的错误呢？有人说，能够宽容自己的人，他们更容易拥有融洽的人际关系。

卡耐基是美国著名的成功学家，他曾在自己的作品里这样写道："通过对全球 120 名成功人士的调查发现，他们都有一个共同的特点，就是能够建立融洽的人际关系，而正是因为他们有一颗宽容的心，所以，人际关系才会那么好。"而且，那些取得瞩目成就的人，他们的成功之路并不会一帆风顺，总是波折不断，或许，他们也曾经犯了不少错误，但是，他们懂得原谅自己，以更加完美的姿态去迎接挑战，最后，他们才赢得了成功。试想，如果他们总是纠结自己曾经所犯的错误，那么，他们就会在郁郁寡欢中度过余生。

2. 放过自己

有的人，他们没有办法原谅自己的过错，或者深陷自责当中不能自拔，主要原因是对自己要求太严格，或者说，之前给大家的印象太美好，一旦犯错就对印象造成了破坏，他就认为再也没有办法弥补了，于是不断地自责，甚至有的人会为自己人生的某一次错误而忏悔一生。

别轻易将自己定性为一个悲观者

马克·吐温说："世界上最奇怪的事情是，小小的烦恼，只要一开头，就会渐渐地变成比原来厉害无数倍的烦恼。"对于那些有着悲观心境的人来

第04章 "不自信"的心理成因：直面内心软弱的自己

说，就恰似心中长了一颗毒瘤，哪怕是生活中一点小小的烦恼，对他来说，都是一种痛苦的煎熬。每天增加一点点不愉快，毒瘤在消极情绪的养分下不停地生长，直到有一天，毒瘤化脓，开始散发出阵阵恶臭，而他已经被悲观所吞噬了。悲观，它是一种比较普遍的情绪，面对生活中诸多的不如意，每个人都有可能悲观，然而，许多人尚未意识到悲观的危害性。有的人甚至认为，悲观也没什么大不了的，又不是抑郁症。可是，据心理学家观察，长时间的悲观心境，会让一个人感到失望，丧失心智，使他长期生活中在阴影里，变得气郁沉沉。所以，远离悲观，调整自己的情绪，走出悲观的阴霾，做一个乐观积极的人。

有两位年轻人到同一家公司求职，经理把第一位求职者叫到办公室，问道："你觉得你原来的公司怎么样？"求职者满脸阴郁，漫不经心地回答："唉，那里糟透了，同事们尔虞我诈，钩心斗角，我们部门的经理十分蛮横，总是欺压我们，整个公司都显得死气沉沉，生活在那种环境里，我感到十分压抑，所以，我想换个理想的办公环境。"经理微笑着说："我们这里恐怕不是你理想的乐土。"于是，那位满面愁容的年轻人走了出去。

第二个求职者被问了同样一个问题，他却笑着回答："我们那里挺好的，同事们待人很热情，互相帮助，经理也平易近人，关心我们，整个公司气氛十分融洽，我在那里工作得十分愉快。如果不是想发挥我的特长，我还真不想离开那里。"经理笑吟吟地说："恭喜你，你被录取了。"

前者是悲观者，他生活的天空始终笼罩着乌云，因此，他看任何人和事都是阴郁的，一份多么美好的生活摆在他面前，他却认为"糟糕透了"；后者是典型的乐观者，阳光始终照射着他的生活，即使再糟糕的生活，在他看来也是十分美好的。悲观者看不到未来和希望，所以，他遭遇了求职的失败。或许，在人生的道路上，还有更多的失败在等着他，除非他能换一种心境。

有两个人，一个叫"乐观"，一个叫"悲观"，两人一起洗手。刚开始的时候，有人端来了一盆清水，两个人都洗了手，但洗过之后水还是干

净的,"悲观"说:"水还是这么干净,怎么手上的脏物都洗不掉啊?""乐观"却说:"水还是这么干净,原来我手一点都不脏啊!"几天过去了,两个人又一起洗手,洗完了发现盆里的清水变脏了,"悲观"说:"水变得这么脏啊,我手怎么这么脏?""乐观"却说:"水变得这么脏啊,瞧,我把手上的脏东西全部洗掉了!"同样的结果,不同的心态,那么就会有不同的感受。

拥有悲观心境的人,他们一味地抱怨,他们所看到的总是事情的灰暗面,哪怕到了春天,他们所看到的依然是折断了的残枝,或者是墙角的垃圾;拥有乐观心境的人,他们懂得感恩,在他们的眼里到处是春天。悲观的心境,只会让自己气郁沉沉;乐观的心态,会让自己感受到阳光般的快乐。

1. 学会拥抱阳光

里根小时候是一个乐观的孩子。有一次,爸爸妈妈送给里根一间堆满马粪的屋子,一会儿,他们来到里根的门口,发现里根正兴奋地用一把铲子挖着马粪,看到爸爸妈妈来了,里根高兴地叫道:"爸爸,这里有这么多马粪,附近一定会有一匹漂亮的小马,我要把这些马粪清理干净,一会儿小马就来了。"对于每一个人来说,悲观的心境就像是飘浮在天空中的乌云,它遮住了生活的阳光,长此下去,我们自己也会变得气郁沉沉。所以,远离悲观,释放心中的怨气,让阳光照进生活中。

2. 悲观者没办法赢得成功

或许,谁也不会想到,美国最著名的总统之一——林肯,曾经竟然是抑郁症患者。当时,林肯在患抑郁症期间,曾说了这样一段感人肺腑的话:"现在我成了世界上最可怜的人,如果我个人的感觉能平均分配到世界上每个家庭中,那么,这个世界将不再有一张笑脸,我不知道自己能否好起来,我现在这样真是很无奈,对我来说,或者死去,或者好起来,别无他路。"幸运

第04章 "不自信"的心理成因：直面内心软弱的自己

的是，最后林肯战胜了抑郁症，还成功地当选了美国的总统。事实上，悲观给我们的生活所造成的影响是巨大的，一个有着悲观心境的人，无论是生活还是工作，他都没有获得成功。甚至，悲观的心境还会有意或无意地成为其成功路上的绊脚石。

第05课
羞怯感总是很难摆脱：
用主动沟通消除不自信心理

害羞是一种焦虑的情绪，带着行为上的抑制性。害羞的人往往恐惧社会对他们作出负面判断，所以会尽可能避免社交活动。因为害羞，所以不自信；因为害羞，所以总是强忍着委屈答应对方的请求。对此，害羞并不是你的优点，要大胆地用主动沟通表达自己的态度。

第05课　羞怯感总是很难摆脱：用主动沟通消除不自信心理

一回生二回熟，介绍自己别害羞

人都说一回生、两回熟。"两回"不难，难就难在头"一回"。对害羞的人而言，难在哪儿呢？难在面对的是陌生人，不知该从什么话说起，不知该说什么话，不知说的话会不会让人听了感觉不悦……也就是说，面对陌生人，最难的就是如何通过自我介绍，给对方留下初次好印象。如果我们懂得抓住对方的心理，用一番别具特色的语言，定是能打动对方的。

一次非正式聚会中，一位老师将两个初出茅庐的大学毕业生引见给某作家认识。男生A这样介绍自己："您好，我叫某某，今年刚毕业，正在找工作。"这位作家一听，当时一怔，可能是头一次听人这么介绍自己，只好接话说："是吗？那加油啊，祝你早日找到满意的工作。"

而女生B的介绍则完全不同，她介绍自己的方式是拉近距离："你好，听说你是一位作家。"这位作家赶紧谦虚地说："哪里算作家，就是随便写写。"女生B笑吟吟地说："我也是，不过我更喜欢画画，我是一名美院毕业的学生。"很快，女生B和这位作家产生了两个共同的话题——写作和画画。等到聊得比较热烈之后，女生B自然地提到找工作的事，而这位作家则表示可以引荐她认识在美术馆和画廊工作的朋友，一切来得水到渠成。

很明显，男生A的自我介绍是不得要领的，首先，他和这位作家完全不熟，在作家对他的性格和特长一无所知的情况下，他传达给作家一个他正在找工作的讯息，属于无效信号。无疑，男生A让这名作家产生这样的心理：此人不懂礼数。而女生B的自我介绍则注重从拉近与陌生人的距离开始，以攻心为主，一句句话都说到作家心里去了，自然赢得了作家的好感，成功得到作家的指点

也自然是水到渠成的事。

单位突然请了一名资深顾问，这名顾问看似成熟，却令单位小叶很不满。虽然是第一次见面，但这位顾问却突然问小叶："我叫××，有男朋友吗？一定没有吧？你看起来好严肃呀！"还一直问小叶："喂，你叫什么来着？"小叶心想，就算比别人资深，也要顾好自己在别人眼里的第一印象吧！不仅对小叶，单位其他同事也对这位成熟男士印象不好。

很明显，这位新来的顾问，因为说话太过招摇，而让同事产生了不好的印象。与这位资深顾问不同的是，新来的小唐的自我介绍就很好。

小唐第一天上班，她的工作就是负责接电话，但是对方好像听不懂她在说些什么，她表现得很紧张，用手捂着话筒对李姐说："李姐，我是新来的小唐，早上也没跟你介绍一下，真对不起。客人好像不懂我在说什么，我刚来对业务也不太熟，你能帮我向他说明吗？"

原本还觉得新来的小姑娘不懂事的老职员李姐一下子怒意全无了，她心想：看她的样子虽然很可笑，不过如此认真的态度倒是让人颇有好感，让别人也乐意帮她，比一些不懂装懂而误事的人强多了。

总之，害羞的人应该谨记，自我介绍是一门学问。自我介绍的每一句话都要说到对方心里去，散发出你的交际品质，让对方觉得你是一个有个人风格的人，对你产生良好的印象，也就成功达到了攻克"陌生人心理堡垒"的目的。

那么，与陌生人初次见面的过程中，我们该怎样大方地介绍自己，才能给对方留下个好印象呢？

1. 巧妙地介绍自己的名字

与人初次见面时，想让对方记住自己，最简单的办法就是让对方记住自己的名字。比如，你可以对自己的名字做一个简单但容易被别人记住的介绍："我姓接，接二连三的接，认识我，你会有接二连三的好运！"

第 05 课　羞怯感总是很难摆脱：用主动沟通消除不自信心理

2. 自我介绍要摆脱陌生人情结

其实每个人跟陌生人交谈时内心都会不安，一定要自己先放下陌生人情结。面对陌生人不需要特意装模作样，不过也要表现出你的诚意。只有这样，才能显出你的大方和热情，而不至于扭捏作态，才会让对方觉得你是一个有良好的交际品质的人，从而愿意与你进一步交往。

3. 注重现场的气氛与对方的心态

自我介绍自不可太过冗长，有时候只需要简短的一两句话，因为吸引别人的也许正是开篇的某个亮点。同时，我们在介绍自己的时候，要避免谈论会让人讨厌的话题，不要一个人一直发表"高见"，也要学习倾听别人说话。关注现场的气氛，看准时机再发言。

4. 保持谦虚低调

我们在自我介绍的时候，除了突出自己的亮点外，自我介绍还是谦虚低调为好，免得给别人留下此人爱吹的第一印象。

出入社交场合，免不了要自我介绍一番。一些人觉得这很容易："您好，我叫××，唱二人转的，很高兴认识你。"这不就结了？如果一个陌生人这样和你说话，像这样平淡无奇的介绍，下次见面时，你十有八九会忘记对方的名字，甚至压根儿忘掉这个人。忘记别人是谁可能会尴尬，不被人记住才最可悲。

过于害羞和沉默并不是好事

害羞的人都具有一种隐忍的性格：他们面对巨大的压力时，会自己一个人默默地承受下来；他们往往有自己的想法，却埋在心里，不说出来；受了委屈，

也只是偷偷把眼泪往肚里吞。这是一种心理特点，会影响着人们的生活和工作。在日常交际中，有时沉默不再是金，真实地说出自己的想法，其实是害羞的人走出自我的一个途径。当他不再沉默的时候，自然也就是可以坦然说"不"的时候。

人们常常在与人交往之中，遇到与自己意见不同的时候，会由于各种原因而沉默，或是矜持，或是不好意思，或是不自信，或是不敢说。往往你的那一瞬间的沉默会给别人一种错觉，认为你是默认的态度，他会以为你是认可他的。因此，如果你在这些问题上有什么好的建议，就要大胆地说出来，别人才能了解你的真实想法，才会了解你的想法及能力。所有在这个时候，我们千万不要保持沉默，要抓住机会表露自己的想法，才有可能成功地把自己推销出去。如果你一直保持沉默，沉默就会把你埋没，你也没有更好的机会来推销自己了。

小万是才到公司的新员工，刚刚大学毕业，正是"初生牛犊不怕虎"的年纪。有一次，在公司例行大会上，董事长表示自己手上有一个重要的企划案，希望在座的哪位拿去策划一下。同事们面面相觑，你看我，我看你，面有难色，都不敢接这个"烫手山芋"。

小万一开始觉得自己是新人，不敢抢同事的功。可是，在等了几分钟后，还是没有人去接企划案的时候，性子急的小万坐不住了，腾地站起来："我想试试"。董事长看见有人能站起来接这个任务，也露出微笑，但看见是一个才来的新员工，又是个女孩，又显得很不放心："你能行吗？"这可激起了小万的好胜心："一定行，给我一周的时间，我会把它做好的。"

于是，在下一周的公司例行大会上。董事长拿着一份企划案，赞许地看着小万："你是最棒的！希望你继续努力，公司需要你这样的人才。"立即，会场响起阵阵掌声。

就是因为小万大胆地站起来，表达自己的想法，最终用实际行动来证明了自己的能力，而赢得了全公司的认同。

如果小万在会场上一直沉默，那么，她的能力就不会在这个机会中得到展

第05课　羞怯感总是很难摆脱：用主动沟通消除不自信心理

示。正是她大胆说出自己的想法，让老板对她赞赏有加。如今的社会，人才济济，作为内向者，如果你不把握适时的机会，说出自己真实的想法，展现自己的能力，那么也许就会永远地埋没自己。俗话说："酒香也怕巷子深"。说的就是这个道理，如果你是一个各方面条件都优秀的人，更要大胆表现出来。

1. 别隐藏自己的内心想法

有的人习惯矜持地生活着，遇到别人问他吃什么，他习惯回答："随便"。别人问他到哪里去玩，他的回答还是那两个字："随便"，好像他的思想只有"随便"这两个字。其实这时候，你应该说出自己心里的真实想法，也许在你的推荐下，大家还会尝到一顿美味的佳肴；或者在你做导游的带领下，大家都会玩得比较尽兴。大家会发现，原来你也有多姿多彩的一面。如果你总是说"随便"，你自己以为很随意，其实不是，你的"随便"让对方感觉有种负担，因为你没有把你真实的想法表现出来，让对方觉得可能没有照顾到你的心思。所以，应该学会大胆地说出真实的想法，这既会让对方感觉你很有主见，又不会亏待自己。

2. 不是每一种沉默都有价值

沉默在某些时候，是非常具有价值的，但不是每一个时候的沉默都有它的价值。所以，我们不要总是习惯性地把头深深地埋下，要昂首挺胸，敢于说出自己的心声。而你的某些独有魅力，也是通过说话表现出来的。如渊博的学识、有魅力的谈吐、优美的声线，通过说话可以彰显你思想的深度，还可以表露出你除了外表以外的内在吸引力。

3. 大胆表现自己

我们应该抓住生活中的每一个机会来表现自己，而说话无疑是最合适不过的一个机会。学会用语言来表达自己的意见和想法，让他人更加了解你，进而对你产生信赖，这是每一个害羞的人推销自己的最佳途径。

越不自信，就越不敢拒绝

在日常的工作和生活中，我们经常会遇到这些烦恼的事：一个品行有问题的熟人缠住你，非要你借钱给他不可，但你知道，如果借给他就等于有去无回了；一个正在做微商的同事向你推销东西，明知这些产品没什么价值而言，但就是无法拒绝；有的亲友，从不轻易开口求人，万不得已，偶尔求你一次，若拒绝他们，轻则失望、伤心，重则与你绝交；有的患难之友，曾经在你困难时给予过帮助，如今有求于你，你心有余而力不足，但他不相信，指责你忘恩负义。这时，你应该怎么办呢？你最应该明白的是，自己并不是全能人才，也没有"呼风唤雨"的本事，那么应该拒绝的还是要拒绝，假如不好意思当场说"不"，轻易承诺了自己不愿、不应、不必履行的职责，事办不成，以后更不好意思见人。

罗斯恰尔斯是一位犹太人，他在耶路撒冷开了一家名为"芬克斯"的酒吧。酒吧占地30平方米，不过却在当地非常有名气。不过，即使是美国国务卿基辛格博士，也曾被他拒绝过。这是一个什么样的故事呢？

有一次，基辛格博士在访问中东的议程即将结束的时候，在别人的推荐下，决定到"芬克斯"酒吧拜访。于是，他先给酒吧老板罗斯恰尔斯打电话，且非常委婉地说："我有十个随从，他们将和我一起前往你的酒吧，为了方便，你能谢绝其他顾客吗？"罗斯恰尔斯几乎没有任何犹豫地说："我非常欢迎你们的到来，不过如果要谢绝其他顾客，请恕我这件事无法办到。"

当被罗斯恰尔斯拒绝的时候，基辛格博士坦白说："我是出访中东的美国国务卿，我希望你可以考虑一下我的要求。"即使对方是美国国务卿，罗斯恰尔斯还是很礼貌地说："先生，您愿意光临本店我感到非常荣幸，不过，因您

第05课　羞怯感总是很难摆脱：用主动沟通消除不自信心理

的缘故将其他顾客拒之门外,这件事我没办法做到。"基辛格博士听了这样的话,气得摔掉手中的电话。

第二天晚上,基辛格博士又给老板打电话,他首先对自己前面的失礼感到抱歉,说明天打算带三个人来,订一桌,而且不必谢绝其他顾客。没想到,罗斯恰尔斯说:"非常感谢您,不过我还是无法答应你的请求。"基辛格感到很诧异,问道:"为什么?"罗斯恰尔斯说:"对不起,先生,明天是星期六,本店休息。"基辛格央求:"但是,后天我就要回美国了,您能够为我破例一次呢?"但是,罗斯恰尔斯还是非常诚恳地说:"不行,我是犹太人,您应该明白,礼拜六是一个神圣的日子,假如我答应你,那是对神的玷污。"

罗斯恰尔斯的酒吧连续多年被美国《新闻周刊》列入世界最佳酒吧前15名,之所以这么成功,那就是罗斯恰尔斯敢于拒绝的勇气,拥有自己的原则与底线。在需要拒绝的时候,罗斯恰尔斯敢于拒绝任何人,哪怕是基辛格这样的高官和权贵。

在人际交往中,没有勇气说"不",你就会活得很被动。所以,当你不愿意时,就要勇敢地说"不"。但是,说"不"也是需要技巧的。假如技巧不够好,很容易就破坏了彼此之间的和谐关系。

威廉问父亲:"世界上最难发的音是什么字?"

父亲说:"我知道一个这样的词,它只有两个字母,不过却是世界上最难说的词!"

威廉问:"只有两个字母?那能是什么呢?"

父亲回答说:"在所有的语言里,我所见过的最难说的词语是只有两个字母的NO(不)。"

威廉喊道:"您在开玩笑吗? NO,NO,NO!这真是太容易了!"

父亲说:"今天你可能觉得很容易,不过以后你会明白为什么这个字是最难说的。"

威廉很有信心:"我总能说出这个词,我一定能,NO,这简直太容易了。"

赢在自信

父亲说:"好吧,威廉,我希望你能在该说这个字的时候,轻易将这个词语说出口。"

第二天,威廉像往常一样去上学了,这些天下雪了,路面和水池都结冰了,同学们正在湖面玩。这时同学向威廉大声发出邀请:"来吧,伙计,我们一起去溜冰吧。"威廉有些犹豫,他看到冰冻得并不结实。伙伴说:"放心吧,我们已经在这里玩了一下午了,这冰一点都没问题。"另一个伙伴发出挑衅的声音:"难道你害怕了吗?看来你可真是一个胆小鬼。"

威廉无法忍受来自伙伴们的嘲笑,因为他一直都认为自己是一个勇敢的男子汉。威廉大声说:"我才不是胆小鬼呢!"然后冲到了湖面,他跟小伙伴们在上面玩得很高兴,没过多久,湖面上的孩子越来越多了。这时,危险的事情发生了,冰面裂开了,威廉和另外俩个伙伴掉进了冰窟里。

当人们把他们救出来的时候,三个孩子都快冻僵了。晚上,威廉坐在温暖的炉火前面,父亲问:"为什么不听我的话,你要去冰面上呢?难道我没有警告过你那是非常危险的行为吗?"威廉低声说:"是小伙伴邀请我去玩的,本来我并没有打算去。"

父亲继续问:"难道是他们把你拉上去的吗?"威廉回答说:"那倒没有,不过他们嘲笑我是胆小鬼。"父亲说:"那你为什么不拒绝呢?不说'不'呢?你宁愿不听我的话,然后冒着生命的危险也不愿意拒绝吗?你不是说'不'很容易说吗?但是你没有做到,难道不是吗?"

拒绝的话难说,要把拒绝的话说得好,更不容易。每个人都有一颗自尊心,当向他人求助时,或多或少都会有不安的心理。如果对于他人的求助,一上来就说"不行",势必会伤害自尊心,引起他人反感甚至愤恨,从而影响双方今后的交往。所以,当对方向你提出请求时,最好先向对方说一些关心或者同情的话,然后再试图说明自己无能为力的原因,这样既可以赢得对方的理解,又不伤害对方的自尊心。

第05课　羞怯感总是很难摆脱：用主动沟通消除不自信心理

1. 提供其他的解决方法

当自己对别人的请求力不从心或确实很为难的时候，你可以为他介绍几种解决问题的方法，给他提供一些参考和选择。如果你介绍的方式方法依然对他毫无作用，相信你的朋友也不会责怪你，毕竟你已经尽力帮他出谋划策了。当然，如果因此而成功了，你自然会成为他感激的对象。

2. 找个借口拒绝

有些事不好推辞时，借故说自己要去做事，也是一种推托的办法。如果你也遇到类似的情况，不妨试试借故推辞，只要对方足够聪明，肯定会明白你的意思。

3. 快速转移话题

对待他人的请求不一定非得要用"是"和"不是"来回答，把问题本身放置一边就是拒绝的最好代名词。如果对方说："我们明天再到这个地方来游玩吧！""哦！我想时间很紧，我们该回去了吧！"你的答非所问至少会让对方觉得你对这个提议很不感兴趣，一听就知道你不愿意答应他的要求。

4. 故意回避

对于一些实在很难开口的拒绝，我们除了可以采取借故推辞、转移话题之外，还可以运用故意回避或曲解的方式向对方予以拒绝，此外，这种拒绝方式还适用于爱玩"花招"的人，可以使其有苦难言。

先感谢,再说出自己想说的话

拒绝别人的要求,直接说出"不"字来,总会让我们感到很为难。答应的话,自己办不到了,不答应吧,又怕别人面子上下不来。当我们束手无策、进退两难的时候,可以先由衷地感谢一下对方的好意,传递出一片真挚的感情,再委婉的拒绝,这样就能起到很好的效果。

赵敏自己办了一家服装厂,经过多年的打拼终于形成了一定的规模,不仅在国内市场上打开了一条销路,并且还有许多产品销往国外。服装厂的效益好了,自然就有不少的人想到她的公司去工作。除了应聘者络绎不绝之外,还有不少的人找熟人托关系,希望能够到她的工厂里求得一个职位。

这一天,赵敏的一个老朋友给她打来电话,说想要给她推荐一个刚刚从服装学院设计系毕业的"人才",问她是否愿意接受。正准备再次扩大规模的赵敏当时很需要一些专业的设计人员,而且这位朋友和她的关系又不一般,于是就爽快地答应让那个服装学院毕业的学生来面试。但是,面试的结果让赵敏感到非常失望,对方根本不像朋友说的那样是一个"人才",而是一个地地道道的门外汉,就连基本的设计知识都不懂。

赵敏这一下子就犯难了,接受这个人吧,他明显不适合这份工作,不接受吧,又怕无法给朋友一个很好的交待。毕竟,这位朋友在赵敏创业初期给了她很大的帮助。经过再三的考虑,赵敏决定拒绝留用这位"人才"。但是,在作出这个决定的时候,她又在考虑用哪一种方式来跟朋友说这件事。

三天之后,赵敏高兴地给朋友打电话,说"非常感谢您给我推荐的这位人才,经过我们这里几个领导的商议,认为他非常有能力。只不过,他所学的专

第05课　羞怯感总是很难摆脱：用主动沟通消除不自信心理

业和我们的要求有着很大的差别，在这里上班我们自然表示欢迎，但是这样做的话只能限制他才能的发挥。我想，还不如让他找一家对口的单位，找一个真正适合他的公司和岗位。我可以在我的朋友中问一下，看看有没有人需要这样的人才，您看好吗？"

朋友也是一个明白事理的人，听赵敏这么一说，心理便明白了，就很爽快对说："既然是这样，你就不要为难了，再让他去别的公司试试吧。"赵敏在拒绝朋友推荐的人才时，并没有直接说不能用。而是先对朋友表示了一番衷心的感谢，这样就会让朋友和被推荐者感到十分有面子，对不能聘用的结果也不至于有太大的反感。最后赵敏还说了一句"我在我的朋友中问一下，看看有没有人需要这样的人才"，这样不仅让对方不会对没有被聘用而耿耿于怀，还会对她充满了感激。

在生活中，我们可以用先由衷的表示感谢，再委婉地拒绝的方式来拒绝别人，做到既能坚持个人的观点，又不至于太伤别人的面子。具体来说，可以从以下几个方面入手：

1. 用感谢的方式消除对方的负面情绪

直接的拒绝虽然能达到自己的目的，但会招致别人的愤恨。在别人对我们提出要求的时候，可以给予提要求方亲切的表情和感谢的语言，这样就能消除对方被拒绝之后的负面情绪。比如，当别人的建议在你看来并不可行的时候，你可以说："你的建议实在是太好了，对我有着很大的帮助，十分感谢你的帮忙，不过以我目前所处的状况，暂时还不能按照你说的去做……"

这样十分具有人情味的拒绝方式，既准确地表达了自己的观点，又能维护对方的面子，还能让对方在以后的日子里尽心尽力地去帮你做事，可谓是一举多得。

2. 当众表示感谢，私下说出拒绝理由

当别人在大庭广众之下对你提出一些要求的时候，千万不要去做断然的回

绝,那样的话会给提要求者带来很大的压力,他的心理上也会认为你是一个不懂人情世故的人,从而就会产生和你断绝交往的念头。

当你感到无法接受别人提出的要求的时候,你可以当众表示欣然接受,说一些感谢的话,让提要求者感到十分有面子,然后再找机会和对方进行真诚的交谈,说出你的苦衷,表示实在不能接受他的要求,这样的话,对方就会很快地把那些不恰当的要求收回,对你也不会产生任何的不满。

3. 把拒绝的话融进感谢的语言中

对别人的要求或者建议,说一些比较感谢的话就能传达出尊重的信息。比如,有一位记者在写报道的时候,同事给他提出了一些建议,但是这些建议与该编辑的写作思路是不相符的,在这个时候就不妨说:"你给我提的这个建议太好了,如果按照你所说的写下去的话,这一段文字肯定是最出色的,别人看了,绝对不会认为是一个人写的。"聪明的人听了,自然懂得你所要表达的意思,就会选择放弃那些建议。

第06章
多关注自己的感受，
别为了取悦别人而亏待自己

有的人在大家眼里是大好人，有求必应，即便自己受苦受累也不好意思拒绝别人。他们总是将别人的需求摆在第一位，无形之中，他们被一种自我强加的压力所折磨，牺牲了自己的快乐来取悦别人，尽力争取每个人的认可，努力想让所有人都满意。事实上，我们应该注重自己的感受，别为了取悦别人而亏待自己。

你还在当老好人吗

"老好人"是人们对一个人人格的赞许,因为他们对别人总是有求必应,哪怕自己会因此感到痛苦,他们也不会拒绝。对此,美国心理学家莱斯·巴巴内尔认为,为人友善是应该的,不过在能力不足或自己繁忙时懂得拒绝也是应该的。在他看来,那些不懂拒绝,表面上看似乐于助人的老好人,其实内心掩藏着很多的心理问题。巴巴内尔在其著作《揭开友善的面具》中写道:"这类人的病理状态名为'看管人性格紊乱'或'友善病'。"他们之所以表现得乐于助人,很可能是天生存在着人格问题,比如自卑心理或孤独心理,在童年时期可能存在心理阴影,比如父母严格的教育,使得他们从小养成了听话、乖顺的性格。

有一个典型案例:

王女士的亲友有问题就爱向她求助,一个侄女每天给她打电话,声泪俱下地控诉丈夫,而且一说就是数小时。王女士其他朋友也是遇到问题就找她帮忙,她从来都不知该如何拒绝别人。私下里,王女士说,她已经身心俱疲了。有一次,一位同事向她倾诉,她放下自己的事情安慰同事。"我当时真想让她闭嘴或滚开,但不知如何开口。"

人们不好意思拒绝的原因是为了获得对方的肯定,以及取悦别人,然而,这样的心态并非是健康的,而存在着心理缺陷。在他们的认知里,一旦拒绝了对方,会让对方不高兴,他们自身也会产生沮丧、自责或愧疚等消极情绪,然后就陷入这样反复的情绪中无法自拔。这样的人要学会控制自己的思维,毕竟总想取悦对方的心态是不靠谱的。思想会促使自己取悦于人的习惯找理由,从

第06章　多关注自己的感受，别为了取悦别人而亏待自己

而让这些习惯根深蒂固，比如养成付出的习惯，不懂拒绝的习惯。甚至，这样的思想还会纵容自己继续逃避及可怕的情感。

2001年布莱柯的《讨好的毛病：治疗讨好他人的综合症》一书问世，如同一颗重磅炸弹在美国社会中散开，不但一下子成为了畅销书，而且在著名电视主持人奥普拉·温弗里的电视节目里成为讨论的专题，直到今天，这依然是一个大众心理学不可错过的好话题。

在书中，布莱柯认为：一心当好人原来并非没有问题，而是一种有害的心理疾病，它源自"好人"对自己个体价值的信心匮乏，渴望用对他人做好事来赢得外来的肯定与赞美，这样的渴望一旦成为心理定式，就会严重降低行为者的判断力和自控力，成为一种习惯和依赖。

你是否是老好人，这是可以测试的：

请根据自己真实情况，进行一次"体验"，请回答"是"或"否"。

A. 与其说出分歧之处。我试图强调我们的共同之处。

B. 在问题解决的过程中，我试图找到一个妥协性的解决方法。

C. 我可能努力缓和他人的情感从而维持我们的关系。

D. 我有时牺牲自己的意志，而成全他人的愿望。

E. 为避免不利的紧张状态，我做一些必要的努力。

F. 我试图推迟对问题的处理，使自己有时间做一番周全的考虑。

G. 我试图不伤害对方的情感。

H. 感到意见分歧总是值得人们担心的。

I. 我放弃某些目标作为交换，以获得其他的目标。

J. 我避免站在可能产生矛盾的离场。

假如你的回答中"肯定"的答案超过了大半，那就是一个不折不扣的老好人，你总是扮演着乐于助人的角色，模糊自己的心理定式，不喜欢说实话，对任何人的请求都是来者不拒。哪怕遇到两人争执，也会充当和事老的角色，总是安慰对方。尽管你善于调节气氛，但是你这是没有原则地缓和气氛。

在生活和工作中,你缺乏应有的创造力以及努力,所以总是在一个平庸的位置。生活中你是一个温和的人,不喜欢与人做对,也不喜欢与人打交道,总是表现出一副温和谦卑的姿态。

在美国,有一个叫"好人综合症"的说法,所谓的好人,是那些对别人十分亲切友善、十分好说话、有求必应、想方设法帮助别人、从来不考虑自己,并以此为荣的人们。对这些所谓的"好人"而言,当好人不但是一种习惯或行为方式,而且更是一种与他人建立的特殊人际关系。老好人所做的都是对别人有利,讨别人喜欢的事情,所以他们都收到了别人颁发的"好人卡"。实际上,其他人接受好人的乐于助人,都是有意无意带着自私的目的,但老好人却乐在其中,甚至一般人并不觉得这样做有什么问题。

1. "老好人"是一种行为偏差

老好人不仅是一种心理偏差,也是一种行为偏差,表面上看他们已经赢得了周围人的喜欢,但实际上他们的工作和生活已经出现了交际危机。通常情况下,他们有可能是一个平庸的人,平时工作非常努力,但因为总是答应其他人的请求,所以浪费了很多时间和精力,使得他们并没有多少时间来管理自己的事情。他们之所以不拒绝别人,是希望能够获得他人的肯定以及赞赏。这样的人通常家庭或家庭关系可能有欠缺,童年得不到父母或兄弟姐妹的关爱,这会使他们更渴望关系疏远者对自己的肯定,不惜付出自己的百倍努力,甚至也有人对家人态度很恶劣,对外人却很好。

2. 缺少健康界限

老好人并非好人一个人的事,往往会弄得身边人也会困扰,甚至给他们带来跟着受罪的感觉,而且好人的亲疏还会给家人带来伤害。对此,心理学家指出,一个人要保持健康的心理,有符合情理的正常行为,必须保持一定健康的心理定式。也就是说,每一位个体的人都生活在某种身体、感情和思想的健康界限

第06章 多关注自己的感受，别为了取悦别人而亏待自己

之内，这个界限帮助他判断和决定谁可以接纳，并接纳到什么程度，为谁可以付出什么，并付出到什么程度。

3. 有时候会带来坏情绪

有时候，老好人的思想意识会给人带来负面感情。比如当朋友需要你帮助，或者要求你周末陪她逛街，如果你做不到，就会感到内疚；假如领导需要你在工作时间做一些烦琐的事情，你若做不到，则可能会感觉到的并非内疚，而是担心领导不高兴。

暗示自己的喜恶，让对方自己领会

语言暗示，也就是不明说，而用含蓄的语言使人领会。有时，我们为了某种目的，在无对抗的条件下，通过交往中的语言，用含蓄、间接的方式表达出一定的信息，使对方接受自己的意见或观点。在日常交际中的一些场合，许多话都不便于直说，这时可以利用言语暗示来传递一些信息，暗示所采取的方式可以是含蓄的语言，但只要对方能够明白你所表达的意思，那么操控他人心理的目的就达到了。通过大量事实证明，暗示比直言快语更能凸显出表达效果，因为它所表现出来的婉转曲折，总是给人以愉快的心情。

从前，有个酒店老板，脾气非常暴躁。一天，有位客人来喝酒，才喝了一口，嘴里便叫："好酸！好酸！"老板听后大怒，不由分说，把客人绑起来，吊在屋梁上。这时来了另一位顾客，问老板为什么吊人，老板回答："我店的酒明明香醇甜美，这家伙硬说是酸的，你说该不该吊人？"来客说："可不可以让我尝尝？"老板殷勤地给他端了一杯酒，客人呷了一口，酸得皱眉眯眼，对老板说："你放下这个人，把我吊起来吧？"

这位客人通过言语暗示出强烈的讽刺，这样的表达方式既显得委婉含蓄，又显得十分艺术。在很多时候，我们会对他人的行为或者语言感到不满，而语言暗示恰好能够得体礼貌地表达出自己的想法。

1952年，正在苏联访问的美国总统尼克松将去前苏联其他城市访问。苏共总书记勃列日涅夫到莫斯科机场送行。正在这时，飞机出现故障，一个引擎怎么也发动不起来，机场地勤人员马上进行紧急检修，尼克松一行只得推迟登机。勃列日涅夫远远看着，眉头越皱越紧。为了掩饰自己的窘境，他故作轻松地说："总统先生，真对不起，耽误了你的时间！"一面说着，一面指着飞机场上忙碌的人群问："你看，我应该怎样处分他们？""不，"尼克松说，"应该提升！要不是他们在起飞前发现故障，飞机一旦升空，那该多么可怕啊！"

尼克松话语里暗含讽刺、挖苦、指责，但这些却是以异常夸张的话语表达出来的，而勃列日涅夫听了只能苦笑，什么也说不出来。虽然尼克松表达了自己的"厌恶之情"，但却没有说什么难听的话，若直接回击反而显得自己"神经过敏"。

在日常生活中，很多时候我们都无法直接表达自己的想法，这时候就需要暗示来表达，于是就出现了一语双关、含沙射影、指桑骂槐等旁敲侧击的艺术性语言。既然可以用暗示的语言来表达自己的厌恶，当然，我们也同样可以用暗示的语言来表达喜欢。

1. 含蓄表达爱情

通过话语暗示来表达爱情，这可以使话语本身具有一定的弹性，不至于对方一拒绝就没有挽回的余地，而且，这也符合恋爱时的羞怯心理。据说陈毅和张茜是一对情爱甚笃的革命情侣，陈毅为了暗示自己的爱慕之情，苦心经营了一首诗："小箭含胎初出岗，似是欲绽蕊露黄。娇艳高雅世难觅，万紫千红妒幽香。"而张茜从这首诗中领悟了陈毅的深情，最终俩人确定了恋爱关系。

第 06 章　多关注自己的感受，别为了取悦别人而亏待自己

2. 委婉表达讥讽之意

在日常交际中，直接辱骂别人，听者当然很容易就能听出来。但如果对方是利用暗示语言来侮辱人，我们就更应该注意了，这时不仅要善于听出别人的恶意，还应该"以其人之道还治其人之身"。比如，安徒生戴了一顶破帽子，过路人取笑"你脑袋上边那个玩意是什么？能算是帽子吗？"安徒生随即回道："你帽子下面那个玩意是什么？能算是脑袋吗？"

3. 暗示拒绝

有的人喜欢用暗示来投石问路，这时你也可以用暗示来拒绝对方。比如，面对老乡的借宿请求，李先生这样暗示拒绝"城里比不了咱们乡下，住房可紧了。就拿我来说吧，这么小的屋子居然住着三代人……你们大老远地来看我，不该留你们在我家好好地住上几天吗？可是没有办法啊！"老乡只好知趣地走了。

4. 暗示自己的不满

有时候，面对他人的错误，我们也最好以双关影射之言来暗示他，迫使对方意识到自己的错误。比如，顾客发现汤里有一只苍蝇，巧妙暗示老板："对不起，请您告诉我，我该怎样对这只苍蝇的侵权行为进行起诉呢？"

不好意思启齿，巧用"弦外之音"传话

在日常交际中，对于一些难以启齿的拒绝，我们无法直接开口说出来，而是需要借助含蓄的语言才能达到表达的目的。很多时候，我们不得不向他人提出自己的需求，有可能是对方没有意识到的尴尬问题，也有可能是求人办事，

这时候含蓄的表达效果远远好于直截了当。含蓄表达是从侧面切入，暗中点明自己要表达的意思，换句话说，就是把话说在明处，把含义藏在暗处。在正常交际中，我们要善于用含蓄的语言来表达自己的需求，传递出话语的"弦外之音"。

王伟到总经理家请求帮忙，经理夫人热情接待了，也很有礼貌地端茶递水。可是，王伟办完了正事之后竟然开始高谈阔论起来。眼看天色已经很晚了，孩子也要早点休息，可那个王伟还显得意犹未尽。于是，经理夫人收拾了一下家务，到房间对丈夫说："小王这么晚来找你，你快点给他想个办法，别让他总是这样等着。"又对小王说："您再喝杯茶吧。"一时之间，王伟领会了夫人的话，很知趣地告辞了。

天色越来越晚，经理夫人想要休息了，但王伟还在继续高谈阔论，出于礼貌，夫人不可能直接说"今天已经很晚了，我们都要休息了，你还是早点回去吧"。于是，夫人通过含蓄的表达暗示了自己的真实需求。看似表面上是帮王伟说话，实际上却传递了另外一个信息——拒绝，这种因情因势的表达，语言得体，又达到了自己的目的。

纪伯伦曾经说："如果你想了解一个人，不是去听他说出的话，而是去听他没有说出的话。"一般情况下，我们都不会轻易地把自己真实的意见或者想法直接说出来，但这些感情或意见却总会在我们的语言表达里表现得清清楚楚。所以，在沟通的过程中，我们不仅需要听得出别人的"弦外之音"，而且还要善于去传递自己的"言外之意"。

战国时期，楚国发兵攻打齐国，齐威王决定派能言善辩的淳先生去赵国求救。他让淳先生驾上马车十辆，装上黄金一百两，淳先生见了放声大笑，连系帽子的带子都笑断了。齐威王就问："先生是嫌这些东西少吗？"淳先生说："我怎么敢嫌少呢？""那你刚才笑什么呀？"齐威王又问道。

淳先生这才停住了笑声，说道："大王息怒，今天我从东面来时，看见有个农民在田里求田神赐给他一个丰收年，他拿着一只猪蹄和一坛子美酒，祈祷

第06章　多关注自己的感受，别为了取悦别人而亏待自己

说'田神啊田神，请你保佑我五谷丰登，米粮满仓吧！'他的祭品那么少，而想得到的却是那么多，我刚才想到了他，所以禁不住想笑。"齐威王领悟了他的隐语，马上给他黄金一千两，车马一百辆，白璧十对。最后，淳先生出使了赵国，搬来了十万精兵。

淳先生通过讲述自己经历的一件事情，暗示齐威王"拿很少的东西，却想得到更多的帮助"，并且暗示这样造成的结果肯定是求救失败。在整个谈话过程中，淳先生并没有直接表达自己的想法，而是处处用隐语作巧妙暗示，这样既没有拂了齐威王的面子，又达到了自己成功进谏的目的。

毫无疑问，在交际中我们是需要"言外之意"的，因为在很多时候，说话不能太直白、太明了。比如，给上司提意见的时候，不能表现得比上司还强；批评对方的不足之处，不能伤害他人的自尊。那么，如何含蓄地表达，才能让对方领会隐藏在话语中的真实需求呢？

1. 通过说话方式传达自己的需求

在日常交际中，我们通常都会把自己的真实情感隐藏起来，但事实上，在我们的言谈中却时刻流露出"蛛丝马迹"。这时，说话方式便是一个透露给对方内心所想的"窗口"，我们的说话方式不一样，所反映出的真实需求也不同，注意自己的说话方式，便能够把自己的真实需求传递给对方。比如，对他人表示心怀不满或者有敌意时，我们的说话速度就变得迟缓，而且显得比较木讷。

2. 说话的表情

有的人对自己的喜怒哀乐从不掩饰，有的人习惯于不懂声色地掩饰自己的情绪，所以，我们在与别人交谈的时候，要学会用表情来传递自己的真实需求，比如面对同事的诉说，你表示"我当然也很关心"，但脸上却分明显得很漠然，传递着"谁有空来管这件事啊"，对方也会领会到你不耐烦的情绪。

3. 巧妙穿插"暗语"

我们的表达方式与表达习惯会传递出某些信息，这样你可以在言语中穿插一些暗语，"我会试着把这件事安排到工作进度中"，你所传递给对方的信息就是"我早就安排好了，你怎么不早一点告诉我呢"。

说些客气话表达自己的拒绝

在日常交际中，若对方是初次见面的陌生人，我们会使用较多的客气话，以此拉开彼此的距离。适当的客气话可以展现一个人的修养与素质，但过分地使用客气话，就会阻碍彼此的亲切感。然而，在某些时候，我们却可以通过说过分"客气礼貌"的话来拒绝与别人的交往，故意拉开彼此的距离，令对方主动退却。我们可能都有这样的经历，如果自己到一个朋友家里，朋友却对自己异常客气，你说一句话，对方只会"嗯""啊""哦"来回答，甚至和你说话时也是满口客气话，唯恐你不高兴，担心会得罪你。这样一来，你一定会觉得如芒刺在背，甚至想逃离这个地方。其实，这就是"过分"客气话达到的效果，当然，朋友可能并不是想以此来疏远你，而是客气话运用得不恰当。如此一来，我们可以从中得出一个结论，当你不想与某人继续交谈下去的时候，不妨以"客气礼貌"的话来令对方自退。

偶尔说一些过多的客气话，会成为你的社交利器。比如，当你在朋友面前说客气礼貌的话语，这是令朋友窘迫的最好武器；当你成为主人的时候，又成为最好的最高明的逐客令。客气话比大骂一顿更奏效，如果你怕对方会干扰到你，就拼命地跟他说客气话，临走时别忘了请他"有空再来"，但是他绝对是不会再来的。

第06章　多关注自己的感受，别为了取悦别人而亏待自己

小王是一位十分帅气的男孩，他在一家美发店工作。由于长相出众，许多女孩子都慕名而来，成了他最忠实的顾客。可是，小王自己却吃了不少苦头，自己就有女朋友的，但许多女顾客却屡屡"求爱"，甚至在深夜还会收到很多内容暧昧的短信，而且，女朋友为了这件事情与他冷战了很长一段时间。为了与那些女顾客疏远距离，小王开始频繁地使用客气话"好的,非常谢谢您的惠顾,您慢走！"他连经常上门的老顾客也不会稍微少讲一句客气话，这样的称呼让许多女顾客感觉不到亲切感，甚至觉得小王的态度有些冷淡。于是，在每次做完头发之后，那些之前"示爱"的女顾客都很有礼貌的告别了。过了一段时间，小王就再也没有收到过内容暧昧的短信了，他和女朋友也和好如初了。

在交际中过多地使用客气礼貌的语言，可以为你"赶走"一些不喜欢的人。因为客气的语言会让对方感到生疏，继而感受到一种心理压力，最后他不得不选择退却。如果你不想与对方继续交谈下去，不妨使用客气的语言，通过语言暗示对方"我不愿意与你交谈下去"。当然，如果是熟识的朋友，客气话就不能说得太多。

习惯于说客气礼貌的话，实际上会给别人一种心理暗示：我与你是有一定的心理距离的，或者，我不愿意与你继续交谈下去。大多数人都有这样的经历，只有在面对陌生人的时候，我们才会多出那么多客气礼貌的话，而对于那些熟悉的朋友，我们会自然地省去这些繁文缛节。谈话的目的在于沟通双方的感情，增加彼此的兴趣，当你不想与对方继续交流下去时，就可以在你们之间建立一堵"墙"，而客气礼貌的话恰好可以达到这样的效果。这样一来，对方只能隔着墙作一些简单的敷衍酬答，最后会选择主动离开。

1. "公式化"的客气话

为了使对方能够主动退却，你要选择那些十分刻板的客气话，比如"久仰大名，如雷贯耳""贵店生意一定兴旺发达""小弟才疏学浅，还要请阁下多多指教！"当你说出这些公式化的客气话，对方一定会主动闭嘴的。

2. "夸张"的客气话

当同事为了倒一杯茶，以此想讨好你的时候，你可以故意夸张"呵，谢谢你，真对不起，不该这点小事也麻烦你，真让我过意不去，实在太感谢了……"一大串客套话，让对方领会到你的"敷衍"之意。

3. "流水般"的客气话

为了展现出你"敷衍"的态度，在说客气话时要像背书一样流畅。另外，还需要增加一些身体语言，比如，过度地低头，摇头摆身作态来帮助自己说客气话的表情，以"不雅观"的动作来展现自己的"虚假"，令对方主动退却。

别太操心，有些事不是非你不可

有的人不懂得拒绝，因为他们天生是个操心的命。他的心无时无刻不是在担心这担心那，好像一刻也不能放松，于是，他的整颗心都是紧绷着的。在生活中，无论是大事还是小事，他们都不放心别人去做，而是亲力亲为。他们永远只是一个人在考虑自己要做什么、做成什么样的程度，没有一个人伸出援助之手，而且，造成独自做事的结果的原因，并不是其他人不愿意帮忙，而是他们拒绝别人帮忙。对此，特地提醒那些太过于自我的人，不要太操心，很多人和事都无须你亲力亲为。

况且，如果在日常工作中，我们并不只是一个普通员工，而是领导者。在这样的情况下，还保持着凡事亲力亲为的习惯，那下属到底适合干什么呢？假如我们真的站在领导者的位置，需要将更多的机会让给下属去展现，这既可以有效地锻炼出下属的工作能力，而且还能够凸显领导者的威严。一个领导者若

第 06 章　多关注自己的感受，别为了取悦别人而亏待自己

是凡事都亲力亲为，那样的工作量是相当重负荷的，而且，下属只会议论"领导根本不相信我们，什么事情也不交给我们去做"，如此一来，不仅累了自己，而且也将别人展现自我的机会剥夺了。对此，我们要想活得潇洒一些，轻松一些，就不要去操那些不属于自己范围内的心，有些事情大可以交给别人去做，我们只需要适当指导，等待结果就行了。

　　王姐从小就有个习惯，对于有关于自己的事情，她必然是自己去做，她不放心任何人去做。在她年纪尚小的时候，有一次，她背着厚重的东西回家，身边的朋友好心建议说："让我帮你背一程吧。"结果她也拒绝了，理由是怕对方将她的东西掉地上了，朋友听到这个理由，下巴都快笑掉了下来。

　　长大后，王姐的这个习惯更是日益严重。高中毕业后，王姐就在一家蛋糕店当了收银员，平时没事就是守在那个柜台边，不让任何人接近自己的工作位置。店长吩咐："你在有时间的时候，教教店里的导购收银。"结果，王姐也是经常将这样的吩咐忘记了，她从来不放心把自己的工作让别人去干。就因为这样独特的习惯，她在店里的人缘相当不好，但她工作倒是很负责任，工作了几年之后，她升职当了店长，这样她显得更忙了。早上，她是第一个到店里，晚上她是最晚离开蛋糕店，因为她不放心任何一个店员，她需要亲力亲为收货、摆货、收银，虽然这样一来，自己算是放心了，但长久以往这样拼命地上班，王姐真是疲累不堪。但如果她想到不去店里，让店员们去做，她的心就更累。

　　终于，没过多久，王姐终于累倒了，躺在医院里，她所担心的还是蛋糕店："今天货到齐了吗？""货物摆放得整齐吗？"坐在床边的老公忍不住说："你总是这样，凡事亲力亲为，你以为自己多伟大，但其实是抹杀了店员们表现自我的机会，今天早上我路过蛋糕店，发现没有你，他们依然将事情做得很好，有条不紊，你就不用操心了，你现在是店长了，很多事情完全可以交给别人去做。如果你总是操心，那你永远有操不完的心，你自己也会身心疲惫。"

　　在案例中，王姐虽然升职成为了店长，但她对店里的很多事情总是亲自去做，结果病倒在床上，她的累不仅在身体上，而且来自心理。因为太过于操心，

她几乎每时每刻都在想还有什么事情没做好,她就好像一个陀螺一样,不停地转,直至最后无力地摔倒在地上。其实,她完全没必要这样累,放手将一些事情交给别人去打理,不仅轻松了自己,而且给予了下属展现自我的机会。

1. 不要以自我为中心

当然,凡事都亲力亲为,这是一种负责任的态度,但若是太过亲力亲为,那就是有点以自我为中心了。在通常情况下,那些习惯于凡事亲力亲为的人,他们大多只相信自己,不太相信别人,因此,哪怕是一件小事情,他们也不愿意交给别的人去做,而是尽量亲自去操办。这样的一种心理所导致的行为,我们且不说事情的最后结果怎么样,但如果真的大事小事都自己去做,那所造成的很显著的结果就是——身心疲惫。

2. 学会把一些事情和压力分担出去

生活中,一个人操心太多就会使其身心疲惫,反之,如果将别人能做的事情交给其他人去做,自己只是观看或指导,这样反而会轻松很多。当然,要想培养这样的习惯,首先应该学会信任别人,以及放松自己。你只有足够地信任了别人,才能放心地将事情交给对方;你只有放松了自己,才不会那么执着地想要自己亲自去做。所以,不要太过操心,让自己过得轻松一点,将某些人和事交给别人去办,这样自己才能轻松起来。

第07章
展现自己没什么可怕的：
别给自己的交际设置障碍

在日常交际中，许多人都会因"不好意思"心理而给自己的交际设置阻碍。在某些关键时刻或重要场合，只是觉得不好意思，便沉默不语，结果丧失了表现自我、结交朋友的机会。所以，活跃在交际场合中，千万别不好意思说话，俗话说得好，会哭的孩子才有奶吃。

金口难开是因为"不好意思"

人们都说一回生、两回熟。"两回"不难,难就难在头"一回"。难在哪儿呢?难在面对的是陌生人,不知该从什么话说起,不知该说什么话,不知所说的话会不会让听者感觉不悦……也就是说,面对陌生人,最难的就是如何通过自我介绍,给对方留下良好的第一印象。如果我们懂得抓住对方的心理,用一番别具特色的语言,定能打动对方。

出入社交场合,免不了自我介绍一番。很多人觉得这很容易:"您好,我叫××,唱二人转的,很高兴认识您。"这不就结了?如果一个陌生人这样平淡无奇地向你作自我介绍,下次见面时,你十有八九会忘记对方的名字。忘记别人是谁可能会尴尬,但不被人记住才最可悲。

别不好意思,落落大方地介绍自己

许多人都有类似的体验,当走进一间陌生的房间,或是与一个不熟悉的人碰面时,在心里对自己说得最多的一句话就是:我该怎样打破僵局交到朋友?而独处的时候,有时又会突然想到:"啊,那天我很唐突地说了那样一句话。"或者是:"哎呀,我当时怎么说了那么破坏气氛的话。"回想起来,真恨不得咬掉自己的舌头。可是,世上没有后悔药,我们只好悔恨地提醒自己,下次不可以再犯。可是这样的话,又经常弄得自己很紧张,甚至惧怕与陌生人约会。

第07章　展现自己没什么可怕的：别给自己的交际设置障碍

而事实上，从对方的心理角度来看，每个人在与陌生人交往的时候，都希望对方能主动打破尴尬。因此，我们要想攻破对方陌生人的心理防线，就要懂得应该与陌生人聊什么。

迈克是一家外企公司的人力资源经理，他招收过一批新员工。但让他感到不解的是：这些员工们在应聘时一个个都侃侃而谈，对考官的各种提问都应答如流，可是进入公司后，很多人不善言谈的弱点"原形毕露"，即便让他们说些迎言送语式的话，也是面红耳赤，羞涩得不得了。后来，迈克就主动找他们谈话，问他们是不是对新环境感到不适应，他们大多低着头，小声嗫嚅："不习惯和陌生人说话。"倒是其中一个人反问迈克："我也不知道该怎样做才能融入集体？"

迈克笑了笑，随后问另一个把嘴管得死死的新员工："你是不是每次跟人说话都像考试？"他点头表示"是"。迈克说："你这是患了语言怯生忧郁综合征了。"

恐怕很多人在陌生的环境或陌生人面前都出现过这样的情况。在陌生人面前，因为怯生，舌头打滚、语无伦次，越想把话说得尽善尽美，越词不达意。这就像一个初次登台的演唱者准备得越充分，演唱效果越大打折扣一样。戴尔·卡耐基在他的《人性的弱点》一书中提到了人际关系的抑郁症。是什么导致了抑郁？是怯生。反过来归结于我们不懂得如何说出打破尴尬的话。

那么，我们该怎样说话，才能将话说到陌生人心里去，从而避免不好意思呢？为此，我们需要掌握以下几个要点：

1. 开门见山

如果你经人介绍和一个陌生人或者一个群体认识，你的心跳会不会突然加快，不知道如何是好？

逢此情况，心里不要有顾虑，更不要回避大家的提问。俗话说："一回生，两回熟。"第一回你就怯生而不语,何来第二回的相熟?要想尽快和陌生人相熟,不说话是不行的,但说话也要讲究方式方法。如果面对的是群体,你就不能急于回答他们的问题,以防"捡了芝麻丢了西瓜"。那么,怎样才能把握好与陌生群体对话的语机呢?有几种开门见山的"开场白",比如"初来乍到,请大家多多关照";比如"今后我们要一起共事了,我有什么不妥之处,还请各位包涵";比如"作为新人,能得到大家的如此热情,真让我感动不已";比如"认识大家很高兴"……这样在群体面前说话,会让众人觉得你热情有加,心理距离也一下子拉近了。

无论是对一个陌生人还是陌生的群体而言,沉默不语均被视为对这个群体的拒绝;说话太多也难以让陌生人接受,而且还会让人害怕。第一印象是带有根本性的。如果你没有管好自己的嘴,在陌生人面前"言失"或过分表现自己所谓的口才,那么,你就会被陌生人从心里拒绝。而如果你掌握了与陌生人聊天的语言技巧,你就能轻松洞悉陌生人的心,从而轻而易举地跨过与陌生人之间的栅栏!

2. 问话探路

把对方假设成一般过路人,然后像问路一样,找一些自己心里有数却佯装不知的问题请对方来回答,这样你就取得了语机上的主动。无论对方的回答对与错,你都要认真地洗耳恭听,即使对方说错了,你也应该"将错就错"地表示谢意。因为,这种问话探路的目的并不是要找到什么答案,而是为了打开你和对方语言交流的闸门。

一旦双方对话的闸门被打开,顺流而下,原先那种陌生感自然会消失。因为通常情况下,没有人会恶意地拒绝一个虚心请教者。相反,只要对方愿意搭你的话,你所预期的社交方案便成功了一半。问话探路法只适用于和一个陌生者搭话,却不适用于和一个团队接触。

第 07 章　展现自己没什么可怕的：别给自己的交际设置障碍

3. 轻松探微

和一个人初识，有时只需抓住对方工作或生活的某个细节，就会顺利地叩开对方的心门，激发彼此交流的欲望。

仔细观察一下你身边的陌生人，看看他们是否有比较特别的地方，比如对方使用的手机款式让你非常青睐，比如对方的耳环很特别……谈论这些细节会立刻吸引对方的兴趣。聊天的话题最好选择节奏感比较轻松明快的、无须费尽思量的，这样就不会让人对你的搭话产生反感。有时候，即使无语，只需向对方抱以会心的一笑，也会拉近彼此的距离。

当对方有意和你沟通时，无论对方的话是对是错，切忌否定对方，因为毕竟你们还不熟，一旦被否定，接下来的沟通就很难继续，前面你所付出的一切细节探微的努力也会因此而徒劳。

积极寒暄，令"不好意思"的心理逐步瓦解

在某些沉闷的环境里，很多人不愿意开口跟陌生人说话，那是出于一种防备和自尊心理。在这种时候，你应该学会激起说话对象的某种情绪，让他慢慢打开话匣子。而这就需要我们多说些积极的话语。因为通常来说，人们在愉快与不愉快这两种情绪中，会下意识地选择愉快的情绪。

举个很简单的例子：设想你在火车上坐了很久了，而前面还有很长的一段路程。你想与他人说说话，如果你跟对方说："真是一段又长又讨厌的旅程，你是否也有这种感觉？""是的，真讨厌。"对方肯定会这样回答。接下来，你会发现，无论你说什么，他对你的回应都是草草应付。这是为什么呢？因为你的开场已经给他带来了不愉快的情绪。语言可以表现一个人的人格，积极的

语言会感染别人，使他人得到鼓舞和关怀。

那么，什么是积极的语言呢？积极的语言就是能促进彼此交谈，增进彼此友情的带有积极意义的语言，比如说话要真诚等。

1. 用有积极意义的语言应对

例如，当你和陌生人说话时，对方对你的态度突然间冷淡下来，这时与其一个人冥思苦想："难道我说了什么伤感情的话？"不如试着问对方："我是不是说了什么失礼的话？如果是的话请您原谅。"这样一来，即使对方真的有什么不满，也会烟消云散。因为你的坦诚已经让他原谅了你。

2. 说话要真诚

由于说话态度不同，语言既可以成为建立和谐人际关系的强有力的工具，也可以成为刺伤别人的利刃。如果没有发自内心的关怀的心情，即使说再多华丽的语言，也会被对方看穿。所以，满怀真诚是最重要的。

3. 对方的优点或值得夸奖的地方要马上夸奖

夸奖陌生人，要比赞扬熟人难，因为彼此还不熟识。对此，我们需要细心观察，找出其可赞扬之处。例如，从对方的穿着、打扮、配饰开始："您今天穿的西服颜色真漂亮！"可是，却不能阿谀奉承或溜须拍马，因为对方明白，初次见面，你就说出这么多恭维的话，必定在溜须拍马，从而对你产生反感。所以，一定要饱含真情实感。

4. 不要说对方不爱听的话

使语言不成为"利刃"的前提条件是什么呢？那就是不要说对方不想听的话。

对此，我们应慎选话题，这样一些话题不宜提及：不谈对方深以为憾的

第07章 展现自己没什么可怕的：别给自己的交际设置障碍

缺点和弱点；不谈上司、同事以及一些朋友的坏话；不谈人家的隐私；不谈不景气、手头紧之类的话题；不谈一些荒诞离奇、黄色淫秽的话题；不询问妇女的年龄、婚否、家庭财产等；不说个人恩怨和牢骚；不说一些尚未明辨的隐衷是非；避开令人不愉快的疾病详情，忌夸自己的成就和得意之处。这些都是对方敏感的话题，也是禁忌的话题。不说对方敏感的话题是建立和谐人际关系的准则。

总之，与陌生人说话，多说积极的话语，令对方振奋开心，这对于我们成功洞悉对方心理，打开交际局面大有帮助，这也是我们必备的一项说话本领！

路遇熟人，别不好意思打招呼

在我们日常交际中，免不了频繁地与人打招呼。打招呼表示一种问候，一种礼貌，一种热情。有时候，我们遇到一个久未见面的熟人，或从未见面的陌生人，就不好意思去打招呼，其实，这就是社交上的一个偏差认识。我们千万不要忽视打招呼的作用，一个小小的招呼就是我们人际交往中的润滑剂。对同事的一个招呼，可以有效地化解彼此之间的敌意；对朋友的一个招呼，可以唤起彼此之间深厚的友谊；对陌生人的一个招呼，可以减少彼此之间的陌生感。总而言之，一个招呼可以使人与人之间的关系更加和谐、融洽。特别是我们在与陌生人的交往中，一个恰到好处的招呼是必不可少的。

《塔木德》里说："请保持你的礼貌和热情，不管对上帝，对你的朋友，还是对你的敌人。"如果你能够奉行这一原则，就会在复杂的人际交往中获益匪浅。有时候，仅仅是一个看似不经意的招呼，会加深你在陌生人心中的印象，

会增加陌生人对你的好感。你们之间的关系常常在这种不经意间变得更加密切,而对你赢得陌生人的友谊也大有帮助。

对于我们每个人来说,向一个陌生人打声招呼并不是一件困难的事情。这只需要我们在见面时互相问一声"早上好"、"中午好"、"晚上好",即便一个微笑、点头,那也是一个招呼。有时候,我们并没有因为过多的礼节而挖空心思去与对方寒暄几句,只是打声招呼,就足以唤起对方心中的温暖。没有一个人能够拒绝温暖的微笑和热情的问候,这不仅仅能够博得对方的好感,还会化解对方冰冷的心。

1. 消除彼此的陌生感

也许,我们初次打招呼的时候,双方都会觉得不自然,毕竟是陌生的,没有多少感触。但是,当你们第二次在大街上相遇,你不经意地喊出对方的名字时,对方就会备感亲切,并且这种亲切感随着你们不断地打招呼、寒暄会变得更加强烈,以至于你们再见面时,完全没有了疏离感,甚至有可能会成为好朋友。其实,人与人之间的关系就是这样建立起来的,仅仅一个招呼的作用,就足以让双方不再陌生。

2. 拉近双方之间的距离

在日常生活中,领导和下属打招呼,看似一种很少见的举动,实则正悄悄地拉近上下级之间的距离。这时候,领导不再高高在上,而是像朋友之间的互相问候。领导与下属之间的关系是企业管理的核心,如果下属一味地惧怕你,那么,这样的企业就不能实施有效的管理与沟通。当领导与下属因为一声招呼、一句问候而成为了朋友,他们之间就是一种平等的关系。当工作出现了问题,双方就可以通过讨论来解决。因此,领导者要想管理好一个企业,处理好上下级之间的关系,那就要从打招呼做起。

第07章 展现自己没什么可怕的：别给自己的交际设置障碍

与陌生人说话是自信表达的第一步

生活中，我们总会遇到很多陌生人，与他们有着或亲或疏的关系，千万不要不好意思与陌生人做朋友，因为任何一个朋友都是从陌生人发展而来的。在通常情况下，我们为了工作、生活，不可能永远限制在自己的狭窄交际圈子里，必须不断地拓展自己的交际圈子，结识更多新的朋友，扩大自己的人脉关系，储备自己的人脉资源。这对于每个人来说，都是必不可少的交际过程。因此，我们每天面对的众多陌生人中就有我们需要结识的新朋友，他们就是我们即将拓展的交际圈子中的一员。那么，如何与一个完全陌生的人交朋友呢？最为关键的一步就是要消除彼此之间的陌生感，让对方对你产生一种亲切感，对你卸下戒备心理，自愿与你形成一种良好的人际关系。

第08章
自信为人，
不好意思是自卑的另一种表达

在日常生活中，有的人总显得异常自卑，他们根本不好意思夸自己，最后所导致的结果就是被人忽视。实际上，越是自卑的人，越需要想办法来夸自己，因为只有自信的人才会受到重视。

第 08 章　自信为人，不好意思是自卑的另一种表达

要获得自信，首先要接纳自我

殊不知，每一个人都具有世界上独一无二的价值，没有任何人、事、物能够取代我们，也没有任何人、事、物能够贬低我们，除非我们看轻自己、贬低自己。

人活着就应该善待自己，在低潮时给予自己鼓励。在人生的旅程中，我们无法避免诸多的挫折，但是不管那些无情的打击如何使我们痛苦、受伤、难堪，我们都不应该忘记自身的价值，更不应该认为自己一无是处或者妄自菲薄。

哲人说，我们的命运如同一颗麦粒，有着三种不同的道路。一颗麦粒可能被装进麻袋，堆在货架上，等着喂家畜；也可能被磨成面粉，做成面包；还可能被撒在土壤里，让它生长，直到金黄色的麦穗上结出成百上千颗麦粒。人和一颗麦粒唯一的不同在于：麦粒无法选择是变得腐烂还是做成面包，或是种植生长。而我们有选择的自由，有行动的自由，更有心的自由。我们不该让生命腐烂，也不该让它在失败、绝望的岩石下磨碎，任人摆布。

歌德曾说过这样一句话："一个人要想成功，首先要视自己比实际的自己更伟大才行。"人生漫漫征途，在前进的旅程中，我们每一个人都要找准自己的位置，在生活这片蓝天里，给自己准确定位，让自己驰骋在最适合的领地。对此，哈佛告诉我们：人活于世，每个人都有自己的价值，都是独一无二的自己，切不可因为在某方面逊色于别人而失去自我。当然，每个人都希望自己能够翱翔于蓝天，驰骋于大地。但是，在梦想放飞之前，我们需要清楚地认识自己，你是否具有翱翔的能力？你是否能够驰骋于大地？如果在没有了解自己的情况

下就擅自定位，一旦梦想破灭，内心的失望是无法言语的。另外，无法给自己准确定位，只会导致好高骛远或者内心自卑。每一个人都是特殊的个体，上帝赋予了我们独特的个性，只要我们走出盲目模仿别人的樊篱，找准自己的位置，人生就会变得丰富多彩。

大卫·奥格威曾当过推销员，做过农夫，当过外交官。他移居在美国，同时却不断往来于欧洲大陆。年轻时的奥格威雄心勃勃，他有两个梦想：一是拥有一部劳斯莱斯汽车，另一个是获得爵士爵位。于是，每到黄昏的时候，他都会去英国国会下议院，坐在观众席里倾听别人讨论，他渴望自己有一天也会参加这里的讨论。但是，突然有一天，奥格威发现自己对这一切失去了兴趣，他对自己说："这里并不适合我。"然后，他就站了起来，以一种坦然而轻松的心情走出了下议院。解脱之后，他的内心却充满了焦虑：自己38岁了，还能够使生命辉煌吗？没过多久，奥格威创办了一家广告公司，经过多年的发展，他被誉为现代广告的"教皇"。

大卫·奥格威找准了自己的位置，演绎了精彩人生。

有一个出家弟子跑去请教一位很有智慧的师父，他跟在师父的身边，天天问同样的问题："师父，什么是人生真正的价值啊？"令师父烦透了。

有一天，师父从房间拿出一块石头，对他说："你把这块石头拿到市场去卖，但不要真的卖掉，只要有人出价就好了，看看市场的人出多少钱买这块石头。"

弟子就带着石头到市场，有的人说这块石头很大，很好看，就出价两块钱；有的人说这块石头，可以做秤砣，出价十块钱。结果大家七嘴八舌，最高也只出到十块钱。弟子很开心地回去，告诉师父："这块没用的石头，还可以卖到十块钱，真该把它卖了。"

师父说："先不要卖，你再把它拿去黄金市场卖卖看，也不要真的卖掉。"

弟子就把这石头拿去黄金市场卖，一开始就有人出价一千块，第二个人出价一万块，最后竟被抬价到十万块。

第08章 自信为人，不好意思是自卑的另一种表达

弟子兴冲冲跑回去，向师父报告这不可思议的结果。

师父对他说："把石头拿去最贵、最高级的珠宝商场去估价。"

弟子就去了。第一个人开价就是十万，但他不卖，于是二十万，三十万，一直加到后来对方生气了，要他自己出价。他对买家说，师父不许他卖，就把石头带了回去，对师父说："这块石头居然被出价到数十万。"

师父说："是呀！我现在不能教你人生的价值，因为你一直在用市场的眼光看待你的人生。人生的价值，应该是一个人心中先有了最好的珠宝商的眼光，才可以看到真正的人生价值。"

每个人都有属于自己的独特的价值，善待自己的人，懂得自身价值的大小，绝不在于别人的评价，而是在于我们给自己的定价。

我们每一个人的价值，都是绝对的。坚持自己崇高的价值，接纳自己，磨砺自己。给自己成长的空间，每个人都能成为"无价之宝"。

黏土在天才的手中变成了堡垒，柏树在天才的手中变成了殿堂，羊毛在天才的手中变成了袈裟。如果黏土、柏树、羊毛经过人的创造，可以成百上千倍地提高自身的价值，那么你为什么不能使自己身价百倍呢？

每个人都想成为参天大树，渴望矗立在高处俯瞰这个世界，但是，生活的现实与残酷却让我们成了一棵棵小草。与其他人相比，自己的生活显得那么不堪，于是，许多人觉得自己没有价值，或许将在庸庸碌碌中度过一生。其实，小草也有它的价值，当所有高大的树木都枯亡时，那一片绿意盎然的小草却绽放着最后的美丽。它们并不想成为高大的树木，它们深知自己的价值是什么，只想做它们自己，怀着这样一份希望，它们自然生机勃勃、春意盎然。如同小草一样，我们每一个人都有自己的价值，没有任何人或事能够取代我们，也没有任何人或事能够贬低我们，除非我们看轻自己、贬低自己。

1. 善待自己，给自己自信

活着，我们就要学会善待自己，在失意时鼓励自己，在得意时勉励自己。

在漫漫人生旅途中，我们无法避免偶尔的挫折与困难，但是，不管我们受到什么打击，即使我们正经历着痛苦、难堪，我们都不应该忽视自己的价值，不要觉得自己一无是处，也不要妄自菲薄，而应该以一份崇高的使命感，展现出自己的人生价值。

2. 不要自卑，学会接纳自己

每个人都有属于自己的独特价值，我们应该接纳自己。而且，自身价值的大小并不在于他人的评价，而在于我们给自己的定价。一个人的价值是绝对的，坚持自己，重视自己的价值，给自己成长的空间，每个人都会成为"无价之宝"，我们将告别平庸的人生。

找准位置，大方展示自我价值

虽然，我们提倡一个人要充满自信，偶尔夸夸自己，但这也是有限度的，过分地吹捧自己，那不是自信，而是虚伪。妄自尊大意味着人只是在运用扭曲了的想象，狂妄地夸大自己，时时轻视别人，这种充满谬误的想象伤害他人，同时无形之中也伤害了自己。在每个人的心底都存有强烈的愿望，人心永无止境，然而，每个人是否又都能够实现自己的理想和愿望呢？恐怕寥寥无几，之所以会是这个结果，其根本原因就是自己不了解自己，自己不认识自己，没有自知之明。

有一天，一只秃鹰从王宫上空飞过，看到一只黄莺备受国王的宠爱，每天好吃好喝，且地位尊贵，于是它就问黄莺："为什么国王单单如此宠爱你呢？"

黄莺回答道："我自幼就有一副好嗓子，到了王宫后，唱歌越发动听，国

第08章 自信为人，不好意思是自卑的另一种表达

王非常喜欢听我唱歌，于是十分喜欢我，也经常拿珠宝来打扮我。"

秃鹰看到穿金戴银的黄莺，心中艳羡不已，它想："我资质又不比黄莺差，学学它，这样说不定国王也会喜欢上我的。"于是它就飞到国王睡觉的地方，开始叫起来，以求吸引国王的注意。不巧的是，国王正在酣睡，听了秃鹰的叫声，噩梦连连，于是叫下属看看是什么东西在叫。下属回来报告说是一只秃鹰不知道为什么在叫。国王愤怒不已，吩咐下属去把秃鹰抓回来，并命令拔光它的羽毛。结果秃鹰浑身疼痛，满是伤痕地回到了鸟群中。

古人云，识时务者为俊杰，我们每个人都有自己的特点，都有自己独特的技能。如果盲目地去模仿别人，只会伤害自己。秃鹰如果在国王高兴的时候唱歌，它的结局肯定不是这样。梅花喜爱漫天雪，如果牡丹非要开在雪天，那结局将不亚于秃鹰。

处于社会中的我们，总会被别人的看法、眼光、意见等影响，又会受自己内心的欲望、意念所支配。很多时候，我们都很难客观地评价自己的实力，真正地认清自己，选一条最适合自己的路。

从前有一只蚂蚁，它的力气很大，开天辟地以来，像这种蚂蚁大力士还不曾有过，它能毫不费力地背上两颗麦粒。若论勇敢，它的勇气也是空前的：它能像老虎钳似的一口咬住蛆虫，而且常常单枪匹马地和一只蜘蛛作战。它不久就在蚁冢之内声名大盛，蚂蚁们谈论的话题几乎都离不了它这位大力士。

后来它的头脑里充斥着颂扬的话，它一心想到城市里去一显身手，到城市里去博得大力士的名声。有一天，它爬上最大的干草车，坐在赶车人的身旁，像个大王似的进城了。

然而，满腔热忱的蚂蚁大力士碰了一鼻子的灰！它以为人们会从四面八方赶来，可是不然！它发觉大家根本不理会它：城里人个个忙着自己的事情。蚂蚁大力士找到一片树叶，在地上把树叶拖呀拖的，它机灵地翻筋斗，敏捷地跳跃，可是没有人瞧，也没有人注意。所以，当它尽其所能地耍完了武艺，便怨天尤人地说道："为什么我觉得城里人都是糊涂和盲目的，难道是我不可理喻

吗？我耍完了种种武艺，怎么没有人给予应有的重视呢？如果你上我们这儿来，我想你就会知道，我在全蚁冢里是赫赫有名的。"

那天回家时，蚂蚁大力士就变得聪明些了。

人贵有自知之明，很多人长期生活在自己的小圈子里，做着舒舒服服的井底之蛙。不晓得人外有人，天外有天的道理，更不会正确地对待自己，分析自己，把自己摆正放平。不要因为自己高于他人便目空一切，要知道"高处不胜寒"，你随时都有被打入"冷宫"的危险。不要因为自己低于他人而闷闷不乐，在充分认识自己的前提下，你终将改变你目前的状况。闭上你的眼睛，让你的心完全平静下来，仔细地回想一下你所经历过的一切，给自己一个公正的评价，然后摆正自己的位置。

当一个人心态渐渐失衡的时候，他就减缓了前进的速度。你可以对自身的实力满怀自信，对自己的成绩深感自豪，但当这些积极的因子一旦与骄狂、偏见及狭隘同行，一旦与同情、谦逊及友谊分手，就成了一种消极的品质。这种虚幻的自豪和自信是褊狭、傲慢和无知，最终是一种自大。

1. 自知之明才是最关键

歌德说，一个目光敏锐、见识深远的人，倘又能承认自己有局限性，那他离完人就不远了。孔子说："知人者智，自知者明。"所有的一切，都从认识自己开始。你是否认识你自己，这是你人生的关键。首先，你不要错误地认为自己作为一个有价值的人与你的聪明才智、你的博学多能或者你的财富、你的力量有关。事实上，无论你多聪明，也无论你多有能耐，如果你没有自知之明，那么，你最终的结果只能是失败。

2. 认识到自己的价值与不足之处

认识你自己，不必为实现你所谓的自身价值而去做任何多余的努力，你要明白，当你降生到这个世界的时候，你已经拥有了自己的价值，你接下来

第 08 章　自信为人，不好意思是自卑的另一种表达

所要做的事，就是如何将你自身的价值发扬光大，因而你必须了解、认识自己的价值。

摆脱自卑，拥有自信的姿态

林肯说："每个人应该有这样的信心。人所能负的责任，我必能负；人所不能负的责任，我亦能负。"一个人力量的真正源泉，是一种暗中的、永不变更的对未来的信心，甚至不只是信心，而是一种确信。找到自信的支点，撑起自信的支柱。如果你确信自己是正确的，那么就坚持它，因为最终能为你证明的肯定是事实，而非权威、官员、学者等。

他是英国一位年轻的建筑设计师，很幸运地被邀请参加了温泽市政府大厅的设计。他运用工程力学的知识，根据自己的经验，很巧妙地设计了只用一根柱子支撑大厅天顶的方案。一年以后，市政府请权威人士进行验收时，对他设计的一根支柱提出了异议，他们认为，用一根柱子支撑天花板太危险了，要求他再多加几根柱子。

年轻的设计师十分自信，他说："只要用一根柱子便足以保证大厅的稳固。"他详细地通过计算和列举相关实例加以说明，拒绝了工程验收专家们的建议。他的固执惹恼了市政官员，还险些因此被送上法庭。在万不得已的情况下，他只好在大厅四周增加了四根柱子。不过，这四根柱子全部没有接触天花板，其间相隔了无法察觉的两毫米。

时光如梭，岁月更迭，一晃就是 300 年。300 年的时间里，市政官员换了一批又一批，市政府大厅坚固如初。直到 20 世纪后期，市政府准备修缮大厅的天顶时，才发现了这个秘密。消息传出，世界各国的建筑师和旅客慕名而来，观赏这几根神奇的柱子，并把这个市政大厅称作"嘲笑无知的建筑"。最为人

们称奇的是这位建筑师当年刻在中央圆柱顶端的一行字：自信和真理只需要一根支柱。

这位年轻的设计师就是克里斯托·莱伊恩，一个很陌生的名字。今天，能够找到有关他的资料实在是微乎其微了，但在仅存的一点资料中，记录了他当时说过的一句话："我很自信。至少100年后，当你们面对这根柱子时，只能哑口无言，甚至瞠目结舌。我要说明的是，你们看到的不是什么奇迹，而是我对自信的一点坚持。"

对权威应当尊重，但过分的尊重有时会贬低自己的才能。很多人在权威面前显得非常渺小，最大的原因，是他们对于自己的不肯定。而年轻的设计师面对权威时没有屈服，因为他自信。如同爱默生说过的一句话："相信你自己的思想，相信你内心深处认为是正确的。"自信不是要盲目地妄自尊大，它需要深厚的知识和经验积累作为其坚强后盾。

赵国平原君养了很多门客，其中有一个人很不被平原君看重，他就是毛遂，名列下等，其实是在那里混日子。

在秦国军队围困赵国首都邯郸时，平原君奉命去向楚国求救，他想挑选20个能干的门客一同前往，可挑来挑去只凑到19个。毛遂便向平原君推荐自己。平原君不以为然，说："大凡贤士处在世上，就像锥子放入布袋，会立即露出锥头。先生在我这儿吃了3年饭，没发现先生有什么过人之处，先生还是留下吧！"毛遂说："我今天正是请求装入袋中。如早把我装入袋中，我早就脱颖而出，何须等到今日？"

平原君勉强同意让他去充数，其他19人都相视而笑。平原君到了楚国，向楚王求援，从早上求到中午，也没谈出结果。这时毛遂大踏步走上台阶，仗剑来到楚王面前，把秦楚战争事实一摆，并深刻地剖析了其中的利害关系，楚王无言以对，终于决定出兵救赵。毛遂的成功在于他的自信：相信自己的才华。

唐代文学家韩愈在初次应试时，曾名落孙山。但他毫不气馁，坚信自己文

第08章 自信为人,不好意思是自卑的另一种表达

章的水平和自己的能力。在后来的应试中,面对相同的考题,他把上次写过的文章一字不改地再次写出呈上,竟金榜题名。周朝的姜尚在江边直钩垂钓,数十年痴心不改,信心十足,终被周文王重用。此外,敢于自比管仲、乐毅的诸葛亮,也成了千古传颂的佳话。

1. 锲而不舍为成功而努力

大音乐家瓦格纳,他对自己的作品有信心,终于征服了世人。达尔文为研究物种的起源在一个英国小园中工作20年,有时成功,有时失败,但他锲而不舍,因为他自信已经找到线索,最后终于取得了划时代的科研成就。

2. 没有自信,终将默默无闻

幼时父母双亡的19世纪英国诗人济慈,一生贫困,备受文艺批评家抨击,恋爱失败,身染痨病,26岁即去世。虽然济慈一生潦倒不堪,却从来没有向困难屈服过。他在少年时代读了斯宾塞的《仙后》之后,就肯定自己日后注定也会成为诗人。有一次,他说:"我想,我死后可以跻身于英国诗人之列。"济慈一生致力于这个伟大的目标,最终成为一位永垂不朽的诗人。相信自己能够成功,成功的可能性就会大为增加。如果自认为会失败,就很难获得成功。没有自信,没有目标,你就会俯仰由人,终将默默无闻。

要获得自信,首先要接纳自我

世界酒店大王希尔顿用200美元创业起家,有人问他成功的秘诀,他说:"信心。"而美国前总统里根在接受《成功》杂志采访时说:"创业者若抱着无比的信心,就可以缔造一个美好的未来。"自信是成功的助燃剂,自信

多一分,成功就可以多十分。爱迪生曾经试用1200种不同的材料做白炽灯泡的灯丝,但是都失败了。有人批评他:"你已经失败了1200次了。"可是,爱迪生并不这么认为,他充满自信地说:"我的成功就在于发现了1200种材料不适合做灯丝。"正是怀着这份自信,爱迪生最后获得了成功。那些成功者的经历,其实就是心理学中的"自信心效应",只要不放弃,那就一切皆有可能。

马援小时候并不怎么聪明,不太会背诵诗句,也不太会讲解章法,学习成绩比较差,因此,他经常挨先生的训斥。有一次,马援见到了同学朱勃,朱勃能背诵《诗》《书》,举止娴雅,学识渊博。马援对他又羡慕又惭愧,于是虚心向朱勃请教,但还是赶不上人家,心里很难受。马援回到哥哥家,心事重重地说:"大哥,我不会背诗,是不是没有出息?"哥哥微笑着安慰他说:"背书并不能体现一个人的真本领,会背书的人可能是小器速成,不会背书的人倒可能是大器晚成,你很用功,肯定能成大器,不要灰心。"听了哥哥的一番话,马援开始激励自己,不再灰心丧气,而是加倍地努力学习,并开始寻找适合自己的人生道路。最终,他成了我国历史上著名的汉名将。

邓亚萍说:"当运动员时什么事情都不用考虑,退役以后的生活和原来有很大的转变,对许多运动员来说,当生活成为习惯后,要让他坐下来读书,他是坐不住的,他没有主动性,或者说没有紧迫感。"而邓亚萍之所以能够转型成功,除了她能够调整自己的心态,最关键的在于她始终保持着"不放弃"的信念,她坚信只要自己不放弃追寻目标,那么就没有什么不可能。

有一个美国青年叫亨利,他个子很矮,内心很自卑,30多岁的他依然一事无成,整天坐在公园里唉声叹气。一天,亨利的好朋友找到他,兴高采烈地对他说:"亨利,告诉你一个好消息!"亨利不相信,没好气地说道:"我哪有什么好消息。"朋友高兴地说:"真的是好消息,我看到一份杂志,里面有一篇文章,讲的是拿破仑有一个私生子流落到美国,这个私生子又生了一个儿子,他的全部特点跟你一样:个子矮矮的,讲的是一口带有法国口音的英语……"

第08章 自信为人，不好意思是自卑的另一种表达

亨利半信半疑："真的是这样吗？"亨利不愿意相信这是事实，可是，当他拿起那本杂志琢磨了半天，终于相信了自己就是拿破仑的孙子。

这一发现让他完全改变了自己的内心，以前，亨利觉得自己个子矮小，非常自卑，现在，他开始欣赏自己的这一特点，他心想：矮个子有什么不好，我爷爷就是靠这个形象指挥千军万马；以前，他觉得自己的英语讲得不好，像个乡巴佬一样，但是，现在，亨利为自己拥有带法国口音的英语而自豪。亨利变得无比自信。每当遇到困难的时候，亨利就对自己说："在拿破仑的字典里是没有'难'字的。"就这样，亨利一直相信自己就是拿破仑的孙子，他克服了一个又一个的困难，三年以后他成为一家大公司的董事长。后来，亨利请人去调查自己的身世，发现自己其实并不是拿破仑的孙子，但是，亨利说："现在我是不是拿破仑的孙子已经不重要了，重要的是我得到了一个成功的秘诀：人生不能没有自信。"

在心理学研究中把这种在外界某种刺激的作用下，激发了一个人的自信心，使人重新振作，努力实现自己的志向的社会心理现象称为"自信心效应"。自信心是一个人对自己力量充分估计的一种自我体验，是自我意识的能动表现。每一个想要成功的人都不能缺少强烈的自尊心，艺术大师徐悲鸿曾说："人不可有自负，但不可无自信。"如果说自卑是成功的敌人，那么，自信就是成功的第一秘诀。

在生活中，有许多身患残疾或者处于逆境中的人，他们之所以能取得别人难以想象、难以达到的成就，正是因为他们有一股强大的精神动力——自信心。一个自信心很强的人，他会相信自己的力量，无论什么困难与挫折都不能阻挡他前进的步伐，从而赢得成功。相反，一个缺乏自信心的人，他看不到自己的力量，看不到自己的优点与长处，在追寻目标的过程中，他失去了克服困难的信心和勇气，最终，他只能与成功失之交臂。人生需要有自信心，只要永远不放弃自己追寻的目标，那就没有什么不可能。

第09章
谁都爱赞美之言，
别不好意思夸别人

  一个书生刚被任命去当县官，离京赴任之前，他去拜访主考老师。老师对学生说："如今世上的人都不走正道，逢人便给戴高帽子，这种风气不好！"书生说："老师的话真是金玉良言。不过，现在像老师您这样不喜欢戴高帽子的能有几个呢？"老师听了非常高兴，书生走出来，说道："高帽子已经送出一顶了。"从这个有趣的故事中，我们不难看出，原来，人们都喜欢听好话。所以，有些场合不要不好意思说美言。

第 09 章 谁都爱赞美之言，别不好意思夸别人

赞美不要太夸大，火候把握很重要

心理学家认为："人类本质中最殷切的需求是：渴望被肯定。"在生活中，被人赞美是一件令人喜悦的事情，恰如其分的赞美，能使人感受到人际间的理解和温馨，能够打动他人，有效地促进赞美者与被赞美者之间的心灵交流。一个人若是学会了赞美，往往能够使他受益无穷。在日常交际中，我们经常感受到赞美的魔力，不仅能打动他人，也使自己获得了友情和帮助。人总是对自己最感兴趣，认为自己最重要，希望被人赞美，那么，在与他人的交往过程中，我们应该遵循一个原则：尊重他人，肯定他人，并真诚地赞美他人。

王先生和夫人携带翻译同一位外商洽谈生意，外商见到夫人后，便夸赞道："你的夫人真是太漂亮了！"王先生客气地说："哪里，哪里。"翻译听到这话，心想碰到难题了，这"哪里，哪里"怎么翻译呢？最后，他翻译成了："Where, Where？"外商听了，心中感到疑惑，心想：说你夫人漂亮就是漂亮呗，还非要问具体漂亮在哪里？于是，外商笑着回答说："你的夫人眼睛漂亮，身材好，气质好……"说完，大家都哈哈大笑了起来。

这个有趣的故事告诉我们，在赞美他人的时候，一定要在心里问自己"哪里，哪里"，对方漂亮在哪里，好在哪里，这样，你的赞美才能因有针对性而打动对方，甚至会产生神奇的效果。我们要明白，当我们赞美对方"真好""真漂亮"的时候，他内心深处就会有一种心理期待，很想听听下文，到底"好在哪里""漂亮在哪里"，这时，如果没有针对性的表述，对方该是多么失望啊！

这天，小路心情特别好，她觉得公司特别温馨，觉得每个同事都很可爱，因此她主动承担了上司布置的工作任务。可能连她自己都说不清楚这到底是为

了什么。这不仅仅是因为她今天穿了新的裙子，更因为她在刚走进公司门口的时候碰到了同事小娜，虽然，她们平时话不多，但是，小娜看见小路穿着新裙子，脱口而出："哇，你的裙子真漂亮！款式很适合你。"小娜也没想到自己一句最普通的赞美竟会给小路带来好心情。

对于漂亮的女同事，就需要赞美其装扮，因为漂亮的外表是她们最在意的部分。小娜如此有针对性的赞美，自然会打动小路的心，而且，还给小路带来了一天的好心情。一般情况下，太笼统、太宽泛的赞美会给人一种虚情假意的感觉，而有针对性的赞美能让对方感觉你是发自内心的，当然，这样的赞美能很好地打动对方。

不过，就赞美而言，也是需要一定技巧的。我们对他人的赞美不能太笼统，而需要针对性。在生活中，我们经常听到"你这个人真是太好了"，虽然，这听上去就是一句赞美之词，但是，具体好在哪里呢？赞美者没能说清楚，给人一种虚假的感觉，如此的赞美，不仅不能打动人心，反而令人生厌。因此，在赞美他人的同时，我们要有针对性的赞美，比如，对男人你可以夸他帅气，对漂亮的女人你可以赞美她的打扮，对一个母亲你可以赞美她的孩子可爱，对上司你可以夸赞他的领导力。

那么，如何做到具体的赞美呢？

1. 赞美对方的某个动作或行为

在生活中，泛泛的赞美很快就让我们词穷了，那么，怎么才能有针对性地赞美他人呢？其实，我们很有感触，比如，如果你见到一个人，不赞美她漂亮，而是赞美她"今天的发型让你神采奕奕"，这样，对方是不是更高兴呢？因此，那些空泛的赞美不如做出最让你满意的某个动作或者行为。

2. 针对不同类型的人

我们还需要针对不同类型的人进行恰当的赞美。比如，见到一个孩子，你

第09章 谁都爱赞美之言，别不好意思夸别人

不能说潇洒，而应该说聪明、可爱、懂事；见到漂亮的女人，就应该赞美其漂亮；见到男人就应该赞美其潇洒帅气。如果你没有针对性的赞美，对方定会觉得你虚情假意，又怎会被你打动呢？

利用他人之口赞美更能博得欢心

美国有一名学者这样提醒人们："努力去发现你能对别人加以夸奖的极小事情，寻找你与之交往的人的优点，那些你能够赞美的地方，要形成一种每天至少一次真诚地赞美别人的习惯，这样，你与别人的关系将会变得更加和睦。"在日常交际中，要想建立良好的人际关系，恰当地赞美他人是必不可少的。

事实上，每个人都希望自己被别人赞美，得到他人的肯定。但是，由于人与人之间交谈的时间并不多，而且，人们普遍不善于去发现他人值得赞美的地方。于是，很多时候，就会出现一些问题：要么赞美不当，要么缺少赞美。其实，只要我们用心观察，就会发现每个人身上都有值得我们赞美的地方。有的人很聪明，有的人很友好，有的人善良，有的人漂亮，我们要明白，即使一个人浑身上下全是缺点，但是，在他身上依然有闪光点，而我们需要做的就是去发现这些闪光点，再逐一去赞美对方这些闪光点，这样才能很好地打动对方。

这天，营业厅小李临柜，一位中年男子递上了一张5万元的国债存单，说道："我的国债到期了，看能不能再买点国债，利息高，又保险，国家信誉嘛！"小李夸赞道："先生，您的理财意识很强啊，很有经济头脑。现在，国债代理业务已经过期了，我们近期代理的是人寿太平保险，这个险种卖得可快啦。"中年男子问道："我家五口人，爱人、女人、儿子、母亲，我特别惦记我60

岁的老母亲，想给她买份保险，你给参谋参谋。"小李马上说道："您这份孝心真难得，我给您推荐太平盈利保险，投保年龄是65周岁以下，正适合您的母亲，年利率2.25%，如果意外身故，可以获得2倍的保险金。"

说着，小李进一步介绍："你的儿子、女儿将来要是外出上学，你和爱人又年富力强，建议买分红型的，每月分红，如果发生意外身故，可以获得3倍返还赔偿金，另外赠你一份学生平安卡。"中年男子有些顾虑："我先回去想想，时间不早了，还要赶回学校做饭哩！"小李心想，如果客户临时变卦了，把钱转存其他银行了咋办？于是，小李赶紧问道："您在哪所学校做饭？"中年男子回答说："二中。"小李马上接话说："我营业所主任的孩子就在你们学校，一直夸食堂饭菜好吃，原来是您的手艺呀！"中年男子听后，睁大眼睛非常兴奋："真的吗？人人都夸老师好，我没想到还有人夸我这个做饭的，谢谢了，对了，你先给我说清楚吧，我现在也不着急走。"小李又详细解释了一番，中年男子笑了："现在我明白了，买保险就好比买雨伞，平常不用，下雨有用。"小李夸奖道："您的比喻可真恰当！"这时，那位中年男子才决定填单，将5万元全部投保。

在整个交谈过程中，小李的赞美不断："您的理财意识很强啊，很有经济头脑"、"您这份孝心真难得"、"食堂饭菜好吃，原来是您的手艺呀"、"您的比喻可真恰当"。而且，她的每一句赞美都是有根据的，并不是泛泛而谈，这样的赞美之词顾客听了怎能不喜欢？而且，这其中，小李可谓是一个善于发现别人优点的人，顾客说同样几句话，有的人却没能发现值得赞美的地方。小李正是凭着自己敏锐的眼光，发现了顾客身上那些值得赞美的地方，才如愿打动了原本犹豫不决的顾客。因此，在生活中，我们要善于去发现他人身上值得赞美的地方，发现了就要大声赞美，这样我们才能打动他人的心。

1. 从细节处赞美

那些有经验的人常常会抓住某人在某方面的行为细节，巧言赞美，这样

就很容易赢得对方的好感。因为细节的赞美,不仅给对方带来心理上的满足,而且还会增进彼此的心灵默契程度。你能观察到对方那些尚未被人发现的细节优点,就表明那些赞美是你发自内心的,如此自然而又真诚的赞美足以打动人心。

2. 挖掘他人身上的闪光点

每个人都有自己的长处,我们在赞美他人的时候,关键是你是否"慧眼识珠",能否发现对方身上的闪光点。有的人常常埋怨别人身上没有优点,不知道该赞美什么,其实,这恰恰说明了你缺乏挖掘闪光点的能力。

3. 赞美的角度要新颖

每个人都有许多优点和长处,我们对他人的赞美要独具慧眼,善于发现对方身上的"闪光点"和"兴趣点",从新颖的角度赞美,这样将达到事半功倍的效果。

赞美要特别一点才能打动人心

卡耐基曾经说过:"当我们想要改变别人时,为什么不用赞美来代替责备呢?纵然部属只有一点点进步,我们也应该赞美他,因为,那样才能激励别人不断地改进自己。"赞美他人,绝对算得上是一件好事,但绝不是一件容易的事。我们在赞美别人的时候,需要审时度势,还需要掌握一些方法,否则,即使你是真诚的,也会将好事变成坏事。不同的人在赞美别人的时候,会使用不同的方法:有的人喜欢采纳直接的赞美方式,"你真是太漂亮了";有的人喜欢使用比较意外的方式,"今天的菜格外美味,你的厨艺越来越好了";有的人喜欢背后赞美别人,通过

第三方将这话传到当事人的耳朵里，却没想到效果出奇得好。如何才能使赞美发挥出应有的效果，如何才能通过赞美来打动他人，这就需要我们在赞美他人时讲究一定的方法，方法对了，赞美的效果就达到了，到时，你还会担心打动不了人心吗？

小王在与同事聊天的时候，随意说了上司几句好话："张经理这个人真不错，处事比较公正，我来公司一年多了，他在各方面对我的帮助都挺大的，遇到这样的上司，真是我的幸运。"没过多久，这几句话就被传到张经理的耳朵里，令张经理既欣慰又感动，就连那位同事在向张经理传达这几句话的时候，都忍不住夸赞一番："小王这人真不错，心胸开阔，难得啊！"

年底分发奖金的时候，小王觉得自己这一年表现很不错，想争取一下。为此，他敲开了张经理的门，张经理满脸热情："小王，有什么事吗？"小王有些不好意思地说："张经理，又来麻烦你，真是不好意思，那个年底奖金我想争取一下，你看我合格不？"张经理笑着说道："这事啊，好说，我早就觉得你小伙子不错，放心，这件事我一定放在心上。"

有时候，在背后说人家的好话，赞美几句的功效比当面说似乎更有效果，小王那看似随意的几句话却是有意策划的，这样，自己在张经理心中的形象一下子就提高了，办事自然就容易多了。其实，背后赞美他人比当面恭维的效果好得多，如果当面赞美，有可能会被认为是拍马屁，同时，对方脸上也会挂不住，会觉得赞美不够真诚。那么，背后赞美他人几句，总有一天，这话会被传到对方的耳朵里，心里自然是美滋滋的，这样一来，打动人心的目的也就达到了。

有记者曾问史考伯："你的老板为什么愿意一年付你超过100万美元的薪金，你到底有什么本事？"史考伯回答说："我对钢铁懂得并不多，我的最大本事是我能鼓舞员工，而鼓舞员工的最好方法，就是表现真诚的赞赏和鼓励。"原来，史考伯就是凭着赞美他人，而达到了100万美元的高薪。不难想象，史考伯先生一定是精通了赞美的方法，否则，怎么能将赞美的效果

第 09 章 谁都爱赞美之言，别不好意思夸别人

发挥得那么好呢？下面，我们就列举几种简单的方法，以供读者参考借鉴。

1. 出人意料的赞美

赞美来得比较突然，也会令人惊喜。比如，丈夫下班回家后，见妻子已经摆好了饭菜，不妨称赞妻子几句，妻子本来看似平常的行为，却受到了丈夫的赞美，作为妻子，心情一定是愉悦的。而且，在生活中，如果你赞美的内容出乎意料，也会打动对方的。

2. 直接的赞美方法

在生活中，我们经常使用的赞美方法就是直接赞美，比如下属对上司、老师对学生、长辈对晚辈等，这样的赞美方法比较及时、直接，能够很好地鼓舞他人。如果你发现了对方身上有什么特点，不妨直接告诉他"你最近工作业绩不错，快破了上个月的销售纪录了，继续努力"。

3. 夸张的赞美方法

夸张的赞美方法又被称为激情的赞美方法，拿破仑曾这样赞美他的妻子："从来没有哪个女人像你这样受到如此忠贞、如此火热、如此情意缠绵的爱。"在这里，赞美可以使你获得爱情，同时，还可以缓和矛盾。那些无法掩饰的赞美之情，使得我们的另一半十分受用和满足。

4. 间接的赞美方法

有直接的赞美方法，就有间接的赞美方法。在日常生活中，如果我们想赞美一个人，不便当面说出或没有适当的机会向他说出，你可以在他的朋友或家人面前，适当地赞美一番，而且，这样的赞美收到的效果将会更好。比如，当着下属的面赞美另一位员工"我觉得小王挺不错的，工作很认真，踏实能干，我很欣赏他"，等到这些话传到了员工的耳朵里，他肯定会加倍努力工作来表达内心的感激。

小细节的赞美往往令人很舒服

在生活中，我们经常听到这样的赞美"你的手工做得太好了，怎么做出来的，能教教我吗？"如此别具一格的赞美就是请教式赞美。什么是请教式赞美呢？顾名思义，就是赞美对方的某些方面，而话语中带有请教的意味，似乎对方的优秀程度已经将其摆在了"老师"的位置上。而大多数人听到请教式的赞美，虽然表面上不做声，但其内心早已兴奋异常了。

美国的一家化妆品公司曾有一名优秀的"推销冠军"。有一天，他和往常一样，把公司里刚推出的化妆品的功能、效用告诉顾客，然而，作为顾客的女主人并没有表示出多大的兴趣。于是，他立刻闭上嘴巴，开动脑筋，并细心观察。突然，他看到阳台上摆着一盆美丽的盆栽，便说："好漂亮的盆栽啊！平常似乎很难见到。"

女主人来了兴致："你说得没错，这是很罕见的品种。同时，它也属于吊兰的一种。它真的很美，美在那种优雅的风情。"

"确实如此。但是，它应该不便宜吧？"

"这个宝贝很昂贵的，一盆就要花700美元。"

"什么？我的天哪，700美元？那每天都要给它浇水吗？我一直很喜欢盆栽，但对此一窍不通，我能向你请教是如何培育出这样美丽的盆栽吗？"

"是的，每天都要很细心地养育它……"女主人开始向推销员倾囊相授所有与吊兰有关的学问，而他也聚精会神地听着。最后，这位女主人一边掏钱，一边说道："就算是我的先生，也不会听我嘀嘀咕咕讲这么多的，而你却愿意听我说了这么久，甚至还能够理解我的这番话，真的太谢谢你了。如果改天有空，我会乐意向你传授种植兰花的经验，希望改天你再来听我谈兰花，好吗？"

第 09 章　谁都爱赞美之言，别不好意思夸别人

女主人爽快地接过了化妆品。

通过向女主人请教关于盆栽的问题，引起了女主人的谈话兴致，而且，在交谈过程中，销售员一直以请教式赞美来夸奖女主人，使得女主人的心理得到了极大的满足。最后，没等销售员开口，女主人就主动掏钱购买了化妆品，而且，还发出了"希望改天你再来听我谈兰花"的邀请。可见，请教式赞美所产生的效果是良好的。

这段时间，小雨跟她的一个朋友学会了十字绣，她利用业余时间，绣了一对在丛林中飞舞的蜻蜓。同事看了她绣的十字绣，很惊讶，那形象的花草、舞动着翅膀的蜻蜓非常逼真，同事由衷地赞美："哎呀，小雨，你太了不起了！你这是怎么绣出来的啊？"小雨笑了笑，看得出，她对自己花费了不少时间绣出来的作品很自豪。同事真诚地说："看你绣得这么漂亮，我也想学习一下，你能教教我吗？"小雨点点头，开始手把手地教同事绣十字绣。

同事那几句请教式赞美，恰到好处地温暖了小雨的心灵，融洽了彼此之间的关系。可以说，请教式赞美，是一种非常有效的赞美方式。先给他人戴上一顶高帽，再虚心地请教，想必，一个再倨傲的人也会被打动，这样一来，自己的目的就很容易达到了。

1. 请教式的赞美更能彰显其价值

另外，请教式的赞美更容易让对方接受，让对方体验到自己的价值，从而在心中产生某种成就感。这样的赞美方式大多适用于下属对上司、学生对老师、晚辈对长辈，由于对方身上有自己不具备的一技之长，遂以请教的赞美方式表达自己的仰慕之情。在这个过程中，对方往往能在请教式赞美中答应自己的请求，或者，他们有可能主动帮助你渡过难关。

2. 请教式赞美是一种鼓励

其实，请教式赞美不仅仅重在请教，还表现出一种鼓励的意味。当然，

这样的一种赞美方式不只局限于下属对上司，很多时候，上司为了鼓励下属，也可以向下属发出"请教式赞美"。在日常生活中，还有许多家长更是将请教式赞美当作一种很好的教育方式，以此来鼓励孩子。我们在求人办事的时候，不妨放低自己的身价，虚心请教，再说几句赞美之语，说不定能取得良好的效果呢。

第10章
他人有错就要指出来，
别不好意思批评

在现实生活中，某些时候需要我们向他人提出一些意见或批评。但由于中国人历来传统的"不好意思"心理在作怪，使得他们不好意思，因为在他们看来，"批评"意味着自己去否定他人的一些言行。其实，唯唯诺诺才是一种失败的表现，对于他人的过错，我们应该大胆提出自己的中肯意见，这样才能营建和谐的人际关系。

忠言逆耳利于行，摒弃"不好意思"心理

"良药苦口利于病，忠言逆耳利于行。"这是一句我们耳熟能详的俗语，而其中的道理也为绝大多数人所接受。虽然，我们非常欣赏这句话，但真正轮到自己，却还是唯唯诺诺。假如我们作为下属，需要向领导提出某些看法，这时你会想到这句话吗？恐怕大多数人的心理就是"不好意思"，或者说"不敢"。从表面上看，他们总是在为他人考虑：假如给领导提出意见，那是不是意味着领导的想法不行呢？自己又算什么呢？难道自己所想的会比领导高明到哪里去？别人都没有提，怎么就是自己提呢？其实，这些都是当事人寻找的借口，他们真正不敢提的理由就是觉得不好意思，不好意思开口，总觉得自己一开口好像什么都是错的。实际上，不管是职场中，还是生活中，所谓"忠言逆耳利于行"，请摒弃"不好意思"心理，大胆提出自己的看法。

有时候，作为下属，需要适时向领导进谏，向领导提出某些建议或看法，但实际上进谏也是需要讲究技巧的。许多下属都遇到过这样的情况，当自己向领导进谏的时候，不能得到领导的采纳，甚至还有可能被领导冷落。其实，造成这种局面并不在于你所提出的建议和想法不具有可行性，也不是领导平庸无能，而在于你向领导进谏的方式不对，很多时候你直接地向领导提出一些意见，会让他难以接受。毕竟领导位于权威的位置，他的威信不允许被任何人摆布和差遣。当你直截了当地提出意见，反而会让他有一种不尊重的感觉。因此，当你需要向领导提出自己的想法时，不妨灵活地采用各种技巧，委婉含蓄地表达出来，让领导轻松接受自己的建议。

邹忌身高八尺多，而且身材魁梧，容貌端正。有一天早晨，他穿戴好衣帽，

第 10 章　他人有错就要指出来，别不好意思批评

照着镜子，对他的妻子说："我与城北的徐公相比，谁更美呢？"他的妻子说："您美极了，徐公怎么比得上您呢？"城北的徐公，是齐国的美男子。邹忌不相信妻子的话，于是又问他的妾："我与徐公相比，谁更美？"妾说："徐公怎能比得上您呢？"

第二天，一位客人来家里拜访，邹忌问客人："我与徐公相比，谁更美？"客人说："徐公不如您美啊！"第二天，徐公来了，邹忌仔细地端详他，自己觉得不如他美；再照镜子看看，更觉得自己远远比不上人家。晚上，他躺在床上想这件事情，说："妻子赞美我的原因，是偏爱我；妾赞美我的原因，是惧怕我；客人赞美我的原因，是对我有所求。"

对此，邹忌上朝拜见齐威王，说："我确实知道自己不如徐公美。但我的妻子偏爱我，我的妾惧怕我，我的客人对我有所求，他们都认为我比徐公美。如今齐国，土地纵横千里，有一百二十座城池，宫中的姬妾和身边的近臣，没有不偏爱大王的；朝廷中的大臣，没有不惧怕大王的；国内的百姓，没有不对大王有所求的。由此看来，大王您受蒙蔽更厉害了！"

齐威王说："好。"于是下了一道命令："所有大臣、官吏、百姓能够当面批评我过错的，可得上等奖赏；能够上书劝谏我的，得中等奖赏；能够在众人聚集的公共场所指责、议论我的过失，并能够传到我耳朵里的，得下等奖赏。"政令刚一下达，许多官员都来进言规劝，宫门庭院就像集市一样；几个月以后，偶尔有人进谏；一年以后，人们即使想进言，也没有什么可说的了。

在案例中，邹忌向齐威王进谏，所采用的就是委婉含蓄的方式，先通过讲述自己的经历，以此推出皇帝所受的蒙蔽更多，最终达到了进谏的目的。在工作中，领导并不是所有决策都作得绝对正确，由于受各方面的因素影响，使得领导在作决策时可能存在一种偏差或错误。作为下属，千万不要因为领导出了错就幸灾乐祸，甚至当场指出其不足之处，这样只会使领导陷入极端尴尬的局面。如果遇到心胸狭窄的领导，他还会恼羞成怒，伺机报复你。

对此，下属可以采取顺势引导的方法，例如，当你发现你的领导在管理上还是因循守旧，也不重视选拔、培养人才，什么事情都事必躬亲，使公司运转效率下降。那你不妨鼓动领导参加 MBA 学习，接受国内外的先进管理制度，一起讨论公司目前所遇到的问题。到时候，就会使领导改变自己的管理模式，促进工作的有效开展。

1. 适时提意见，对方会更赏识你

单就向领导提意见，每一个领导并不是十全十美的人，他们在能力、认知方面也会存在一些偏差，所以他们在工作中也会作出一些失当的决定。而你作为一个下属，有责任发现这些问题，进而有效地解决问题。当然，这需要你讲究一定的方法和技巧，寻找一个合适的机会委婉地提出来。这样廉明的领导才会欣赏你的决策，进而对你信任有加。

2. 选择合适的方式

我们所说的"良药苦口利于病，忠言逆耳利于行"，并不是真的要一个人喝下苦得难以下咽的药，说一些严厉打击对方或当众打击对方的话。当我们心里有什么好的想法，就要善于选择合适的方式，比如委婉、含蓄的方式都是值得推崇的。因为含蓄的方式往往是对方较为容易接受的，这样一来，不会让对方感到难堪，同时也起到了"忠言逆耳"的作用。

批评，也要委婉含蓄

许多人之所以不敢说话，不敢指出别人的错误，那是因为怕自己说的话会伤害到别人，或者说直接的批评往往是需要勇气的，这就会让自己产生"不好

第10章　他人有错就要指出来，别不好意思批评

意思"的心理负担。在现实生活中，我们批评对方是为了根除某部分错误，使对方走上正确的道路，因此，要想批评达到很好的效果，就必须讲究批评的技巧性，而避免消极的、简单的、直接的倾向。批评是一门艺术，批评是为了鞭策和激励他人更好地完善自我。批评是一种反向的激励，如果运用不好，就很容易刺激他人，特别是对方的自尊心和荣誉感，这样不但收不到激励的效果，还会使被批评者情绪消极、表现被动，甚至做出偏激和抵抗的反应。所以，我们在批评的时候，切忌直接指出对方的错误，这样会伤害其自尊心，而是需要委婉地指出错误，在言语上需要含蓄婉转，切忌尖酸刻薄，否则，便会引起不良的后果。

每个人都有自尊心，即使犯了错误的人也不例外。如果对方真的在某些方面犯了错误，我们在批评的时候，要考虑到对方的自尊心，切勿随便伤害。因此，批评他人的时候，一定要保持心平气和，如春风化雨，而不是大发雷霆，横眉怒目，以为这样才能显示你的威风——实际上，你这种批评方式，最容易伤害对方的自尊心，甚至导致矛盾激化。因此，你在批评对方的时候，要戒言辞尖刻、恶语伤人。当你怒火正盛时，最好别批评，等自己心情平静下来之后再去批评。切忌讽刺、挖苦、恶语伤人。虽然对方有过错，但是在人格上与你完全平等，所以不能随便贬低对方甚至污辱对方。

王太太为整修房屋而请来了几位建筑工人。起初几天，她发现，这些建筑工人每次收工后都把院子弄得又脏又乱，可他们的手艺却让人无法挑剔。王太太不想训斥他们，便想了一个好办法。一天，建筑工人收工回家后，她便偷偷地和孩子们一起把院子收拾干净，并将碎木屑扫好，堆到院子的角落里。到第二天工人们来干活时，她把工头叫到一边大声说："我真的对你们在收工前将我的院子扫得这么干净而高兴，我很满意你们的举动。"之后，每到收工时，工人们都自觉地把木屑扫到角落里，并且让工头做最后的检查。

如果王太太直接指出工人的错误，肯定使工人们大为恼火，而这种情绪会影响其工作效果，也会破坏他们与王太太之间的友好关系。所以，聪明的王太

太舍弃了直接地指出错误,而是委婉地表达出自己的想法,聪明的工人们一下子就明白了王太太的意思,也认识到了自己的错误。因而,每次完工之后,工人们都会自觉地把木屑扫到角落里,并且让工头做最后的检查。

在现实生活中,许多领导在对下属进行真诚的赞美之后,喜欢拐弯抹角地加上"但是"两个字,然后就开始一连串的批评。例如,他们常会说:"小王,这次干得不错,但是,其中还是出现了许多问题,希望你能多多提高你的业务水平。"这样,备受鼓舞的小王在听到"但是"两个字以后,就开始怀疑之前领导对自己的肯定了。对他来说,赞美通常是引向批评的前奏,因此,在委婉指出别人错误的时候,切忌在赞美后加"但是"两个字,这样,会使你的间接批评大打折扣。

一位上士谈到这样一个问题:"许多后备役军人在受训期间,他们经常抱怨的就是必须理发,因为他们认为自己仍然算是普通老百姓。有一次,我奉命训练一群后备士官,按照一般军人的管理办法,我可以像其他教官那样大声吼叫,或是出言恫吓,但是我并没有这样做,而是以委婉的方式指出此事的利害关系达到了我的目的。"

顿了顿,上士接着说:"我对他们说:'诸位,你们都是未来的领导者,你们现在如何被领导,将来也要如何去领导别人。诸位都知道军队中对头发的规定,我今天就要按照规定去理发,虽然我的头发比你们的还短得多。诸位等一下可以去照照镜子,如果觉得需要,我们可以安排时间到理发室去。'结果,我的话刚说完,真的有许多人开始去照镜子,并且按照规定理好了头发。"

在这个案例中,教官正是以委婉的批评方式达到了自己的目的。委婉式的批评其实就是间接式的批评,不要当面直接进行批评,而采取间接的方式对其进行批评。你可以采用借彼批此的方法,声东击西,这样让被批评者有一个思考的余地,从而更容易接受。委婉式批评的特点就是含蓄蕴藉,不会伤害被批评者的自尊心。每个人的自尊心都是很强的,我们如果在公开场合点名批评犯

第 10 章　他人有错就要指出来，别不好意思批评

错的人，就会让对方感觉没面子，"威信扫地"，更有甚者会对批评者怀恨在心，有的干脆"破罐子破摔"。所以，我们在批评他人时，要采取委婉的批评方式，这样不伤害对方的自尊心，可以让人更容易接受。

那么，我们在进行委婉批评的时候，需要注意哪些问题呢？

1. 就事论事

我们批评的时候，是在平等的基础上进行的，态度上的严厉并不等于语言的恶毒，只有那些无能的人才去揭他人伤疤。揭人伤疤只会让人勾起一些不愉快的记忆，这样对问题的解决毫无帮助；而且当你揭他人伤疤的时候，不仅被批评者心寒，旁观的人听了也会不舒服。

伤疤人人都有，只是大小不一。旁观者见到被批评者的惨状，只要不是幸灾乐祸的人，都会产生"下一个就轮到我"的感觉。而且，你乱揭他人伤疤，只会让他人颜面丧失殆尽，根本就没有达到你批评的预期目的。使用恰当的批评语言，是一个人心胸和修养的直接表现，绝不能以审判者自居，恶语相向，不分轻重。

2. 以朋友的口吻

即便是领导，也应该用恰当的批评方法，而不是以审判者自居，你可以同被批评者站在同一立场，用朋友的口吻去询问对方："发生了什么事？""我能为你做些什么？"或者"为什么会这样？怎么回事？"这样的方式，可以帮助你了解情况，以便更好地解决问题。

当然，你也可以直接告诉他你的要求，但是千万不要说："你这样做根本不对！""这样做绝对不行。"你可以试着说："我希望你能……""我认为你会做得更好。""这样做好像没有真正地发挥你的水平。"用提醒的口吻与他说更好，私下再与他交换意见，委婉地表达自己的想法，跟他讲道理、分析利弊，他就会心悦诚服，接受你的批评和帮助。

赢在自信

先做自我批评，再好意思说别人

古语说："正己才能正人。"对于我们来说，在别人犯错的时候，先做好自我批评，再批评对方才能奏效。许多人认为，对方犯了错，自己完全脱得了干系，于是乎，他们只顾着批评别人，而浑然忘记了自己也参与其中。在营救驻伊朗的美国大使馆人质的作战计划失败后，美国总统吉米·卡特在电视里郑重声明："一切责任在我。"当时，仅仅因为这句简单的话，卡特总统的支持率上升了10%。或许，这其中的原因谁都明白，一个敢于自我批评的人无疑是值得尊敬的。而且，从说服力上来说，作为领导者，即使下属所犯的错误真的不是自己所为，但作为上司，自己也有着不可推卸的责任。因此，在这个时候，需要拿出领导者应有的风度与涵养，先做好自我批评，再批评下属，你的话语会更有说服力，与此同时，下属也会意识到自己的错误。

美国田纳西银行前总经理 L. 特里曾说："承认错误是一个人最大的力量源泉，因为正视错误的人将得到错误以外的东西。"举个例子，假如下属犯了错，但同时，处于指挥和监督岗位的领导也有不可推卸的间接责任。下属犯错的时候，如果领导像没事人一样，盛气凌人，只把下属批评一顿，却不肯承担自己的责任，好像自己永远是正确的。那么，下属就会产生在领导心目中一无是处的委屈感，虽然，他们表面上并没反驳什么，但心里却是耿耿于怀，成了领导工作的对立面。所以，在批评下属的时候，领导者应先自责，进而再指出下属的错误，使下属产生与领导共同承担责任之感以及愧疚之感。那么，在以后的工作中，下属定会尽心尽力，恪尽职守。

哈威是公司财务部的一名员工。有一次，他错误地付给一位请病假的员工

第 10 章　他人有错就要指出来，别不好意思批评

全薪。在他发现这个错误的时候，他就及时地对那位员工解释说必须纠正这个错误，他要在下一次的薪水中扣回多付的薪水金额。然而，那位员工说这样做会给自己带来严重的财务危机，因此，他请求分期扣回多付的薪水。但是，这样的话，哈威必须获得上级的批准。哈威心想：我知道这样做，一定会使老板十分不满。不过，在哈威考虑如何以更好的方式来处理这件事的时候，他了解到这一切的混乱都是由自己的错误造成的，若告诉老板，自己肯定会受批评，于是，他隐瞒了整件事情，自作主张地应允了那位员工的要求。

没想到，过了两周，这件事还是被老板知道了。在办公室里，哈威向老板说明了事情的详细经过，并承认了自己的错误。老板听了大发脾气，拍着桌子吼道："你是怎么办事的？事先怎么不跟我说一声？我发现你现在的胆子越来越大了，擅自决定这件事情，是不是再过几天，你就坐我的位置了？"哈威低着头不说话，心里却很不服气：虽然我有错在先，但现在已经处理好了，而且，谁叫你平时不关注公司的事情，出了问题你才站出来，这算什么领导啊？

在以后的日子里，哈威也不怎么听领导说话，经常一个人闷着头工作。而领导也觉得，那些下属越来越难以管理了。

虽然，哈威作为下属，犯错在先，但他在犯错之后却想到了挽救的办法，这一点是值得领导肯定的。而哈威的上司却在得知整件事情之后，不分青红皂白就大骂了下属一顿，这只会令哈威更委屈。哈威已经有了抵触的情绪，在以后的工作中，这样的情绪也会影响其工作效率及态度，而领导则会感觉自己已经无力管理下属了。

俗话说："金无足赤，人无完人。"谁都难免犯一些小错误，我们应该学会宽容对方所犯的错误。当然，这样的宽容并不是毫无原则的纵容，而是在心理上与其站在一起，告诉他"这件事情，我也有责任"。从心理上缓解对方的恐惧情绪，让他感觉到，自己并不是一个人在承担责任，还有人同自己站在一起，这样一来，对方更容易看清自己的错误。领导率先做自我批评的时候，其实是给对方树立了一个敢于承担责任的榜样。

1. 批评与自我批评

在日常工作中，许多领导经常指着下属的鼻子抱怨，似乎所有的错事都是下属一手造成的，而功劳则是自己的。其实，作为领导者，批评与自我批评是一体的，尤其是自我批评，这是大多数领导所欠缺的素质。

2. 错误到底是怎样形成的

在管理学上经常会提到"二八管理法则"，意思是，企业所产生的偏离预定目标的错误，有80%是因为决策或者领导方法不对所造成的，而剩下的20%才可能是对这些策略在执行过程中出现的偏差。那么，作为领导者应该仔细想想，是不是所有的错误都出在员工身上。如果真是在执行过程中出现了错误，导致了严重的后果，领导者是否应该检讨一下？所以，作为一个领导者，在准备批评下属的时候，应先作自我批评。

3. 客观、公正地看待问题

在现实生活中，一些人自己犯了错误的时候，不进行自我检讨，不进行自我批评，反而拿别人开刀，说得对方一无是处，这样，既不客观，也不公正。我们要明白，批评自我，不但不会抹黑自己的形象，反而会展示给大家一个更客观公正、光明磊落的形象。当然，自我批评是需要勇气的，然而，你在进行自我批评的时候，已经战胜了自我，你就是真正卓越的成功者。

善意提出批评，更容易获得感激

对于我们每一个人来说，批评是一种必要的强化手段，批评与表扬是相辅相成的。批评也要讲艺术性，也就是我们所说的提意见。批评本身是一种

第10章　他人有错就要指出来，别不好意思批评

指责，如果运用不当，对方只会记住你的批评而不是自己的错误。我们应该尽量减少批评带来的副作用，尽可能地减少对方对批评的抵触情绪，以达到比较理想的批评效果。但在某些人看来，批评就是全盘否定，只看到别人的缺点，忽视其优点。其实，从"批评"所达到的目的来说，我们可以把"批评"当做一种"提醒""激励"，而不是否定一个人。特别是对于领导者来说，自己对下属的批评要尽显善意，在坚持原则的基础上教育几句就行了，千万不要言辞刻薄，恶语相向。这样，下属才能接受你的批评，同时，他还会对你充满莫大的感激。

史金纳教授提出了自己教学的基本观点"用激励代替批评"，他是伟大的心理学家，他用动物和人的实验来证明：当减少批评，多多激励对方的时候，他所做的好事就会增加，而那些比较不好的事情就会因为受忽视而逐渐萎缩。激励富有一种强大的力量，它可以让人重新改变自我，发愤图强，把自己的所有精力投入到工作的热情之中。所以，对于他人出现的一些小问题、小错误，领导者要尽显善意，少一些批评，多一些激励，这样才能够让他全身心地投入到工作中，而那些小问题、小缺点也会因为你的忽视而逐渐消失。

很多年以前，一个十岁的小男孩在一个工厂里做工。他从小就喜欢唱歌，并且梦想着当一个世界闻名的歌星。当他遇到他的第一位老师的时候，他满怀自豪地把自己的梦想告诉老师，可是老师非但没有给他鼓励，反而表示怀疑地说："你根本不适宜唱歌，你五音不全，简直就像风在吹百叶窗一样。"

他很伤心地回到家里，但是他的母亲，一位穷苦的农妇却不以为然，她亲切地搂着自己的孩子，激励地说："孩子，你能唱歌，你一定能把歌唱好。瞧你现在已经有了很大的进步。"于是，母亲在生活中节省下每一分钱，送她的儿子上音乐课。正是这位母亲的嘉许，给了孩子无穷的力量，从此改变了孩子的一生。他的名字就叫恩瑞哥·卡罗素，他成了那个时代最伟大、最著名的歌剧演唱家。

母亲的激励与老师的批评形成了鲜明的对比，显然，母亲的"批评"是

善意的，而老师的批评虽然说不上恶意，但却刺伤了小男孩幼小的自尊心。试想，如果这位小男孩没有得到来自母亲的激励与赞许，一味地沉浸在那位老师无情的打击所造成的痛苦中，那么，这个世界上就失去了一位著名的歌剧家。

在现实生活中，我们应适当表露自己的善意，对他人少一分指责，多一些嘉许，不仅使事情做起来得心应手，也会给予对方愉悦的心情，何乐而不为呢？我们不应该怀着私心或对某些事物反感，就对他人的行为采取贬低或者批评的态度。少一些批评，多一些激励，也许因为那一句微不足道的激励，就给了那些需要动力的人以无穷的力量，给那些身处逆境的人奋勇向前的信心。

李先生是一位成功人士，他在回忆自己的成长经历时充满深情地提到以前的一位老师，便感慨地说如果没有老师当年的教诲，可能就没有自己的今天。

李先生说，自己从小调皮捣蛋，无心学习，整天打架，总之劣习成性，没有哪个老师能把他驯服。后来有位年轻的女老师当了他的班主任，在一次他把邻班同学的头打破以后，老师把他叫到办公室，温和地对他说："我一直认为你是个聪明的学生，你看你这次考试又进步了，老师希望你能够继续努力学习，把自己的聪明劲用到学习上来……"

他说老师的话对年少的他触动很大，他没想到老师会真诚地夸奖他，认为他很聪明。于是，他决心改掉所有的劣习，好好学习，最后，他成功了。

一样的批评，但女老师的话说得却动听，更能打动人心。如果没有那位女老师激励的话语，也许李先生就不会拥有如此成功的人生。批评本身是具有伤害性的，而卓越的领导，则会把批评的伤害性降到最低限度，这样一来，对方即使遭受批评，也会对其充满感激，而非抱怨。

1. 以激励代替批评

世界上凡是取得巨大成就的伟人，他们或多或少都是因为来自身边的人的一句激励的话语，所以才会取得举世瞩目的成绩。没有母亲为爱迪生孵鸡蛋的

第10章 他人有错就要指出来，别不好意思批评

行为的肯定与赞许，也许爱迪生就没有今天的辉煌成就；英国作家韦斯特若没有得到老校长的激励，可能就没有今日无数本畅销书，英国文学史上就缺少了不朽的一页。在生活中，多给对方一些激励的话语，少一些批评的话语，这样才能激发他的潜能，更好地为公司效力。

2. 启发式批评

批评的目的就在于下属能够认识自己所犯的错误，并且能够及时改正。而要想使下属从根本、从内心认识到自己的错误，就需要你从深处挖掘错误的原因。"晓之以理，动之以情"，你要用一些理解的话语慢慢启发他，循循善诱，帮助下属认识并且改正错误。

3. 警告式批评

如果你的下级所犯的错误并不是原则性的，或者你没有目睹他犯错误，作为领导，你就没有必要"真枪实弹"地对他进行严厉的批评。你可以用比较温和的话语，只是巧妙地点明问题所在；或者用某些事物进行对比、影射，只要点到为止，对他起一个警告的作用就可以了。

原谅他人也别不好意思说出口

当我们决定原谅某个人的时候，千万不要觉得不好意思，鼓足勇气把原谅说出口。毕业于哈佛大学的经济学家萨缪尔森曾获得诺贝尔经济学奖，他曾说："人们在交往中应当多一些体谅而非责难。"在很多时候，原谅比辱骂更能让一个人醒悟与进步。面对他人有意或无意所犯的错误，如果我们总是愤怒或生气地指责对方，反而会使对方产生受伤的感觉，在他看来，第一感觉不是认识

到自己的错误,而是感觉自尊受到了伤害。这样一来,我们并没有达到自己的目的,他或许并没有意识到自己错了,而是怀着对你的仇恨。而原谅则不一样,原谅能使一个人清楚地看到自己的错误,同时,还会心存感激。所以,面对他人的错误,原谅比挑剔、指责更受用。

有一天,"发明大王"爱迪生和他的助手辛辛苦苦工作了一天一夜,终于做出了一个电灯泡。他们非常珍惜这个成果,就叫来一个年轻的学徒,让他把这个灯泡拿到楼上的实验室好好保存。这名学徒知道这是个重要的东西,心里非常紧张,结果在上楼的时候,不停地哆嗦,一下子摔倒了,把电灯泡摔得粉碎。爱迪生非常惋惜,但没有责备这名学徒。过了几天,爱迪生和他的助手又用了一天一夜制作了一个电灯泡,做完后,爱迪生想也没想,仍然叫来那名学徒,让他送到楼上。这一次,什么事也没有发生,这个学徒安安稳稳地把灯泡拿到了楼上。事后,爱迪生的助手埋怨他说:"原谅他就够了,你何必再把灯泡交给他呢,万一又摔在地上怎么办?"爱迪生回答:"原谅不是光靠嘴巴说说的,而是要靠做的。"

在生活中,许多人习惯于责骂他人的错误,特别是当他们的错误对自己的生活产生不利影响时,我们的情绪有可能会一下子失控,这时,怨恨占据了我们的心灵,那些指责与辱骂就会随之而来。但是,如果我们仔细想一想,就会发现指责与挑剔对于我们来说一点好处也没有,它只会让我们的情绪变得更加恶劣,而他人在指责与挑剔之中也会心生不满。所以,任何时候,原谅他人都是一个有益的选择,即便我们心里觉得别扭,我们也不要觉得"原谅别人"是不好意思的。正如爱迪生所说"原谅不是光靠嘴巴说说的,而是要靠做的",我们必须以实际行动来让对方感受到,自己已经被谅解了。

有一天,七里禅师正在蒲团上打坐。突然,一个强盗闯进来,拿着一把又明又亮的刀子对着他的脊背,说:"把柜里的钱全部拿出来!否则,就要你的老命!"七里禅师缓缓说道:"钱在抽屉里,柜里没钱,你自己拿去,但要留点,米已经吃光,不留点,明天我要挨饿呢!"那个强盗拿走了所有的钱,在

第 10 章　他人有错就要指出来，别不好意思批评

临出门的时候，七里禅师说："收到人家的东西，应该说声'谢谢'啊！"强盗转过身，说："谢谢。"霎时间，他心里十分慌乱，几乎从来没有遇到过这样的事情，这使他失去了意识，愣了一下，才想起不该把全部的钱拿走，于是，他掏出一把钱放回抽屉。

没过多久，这个强盗被官府捉住，根据他所提供的供词，差役把他押到七里禅师的寺庙去见七里禅师。差役问道："几天之前，这个强盗来这里抢过钱吗？"七里禅师微微一笑，说道："他没有抢我的钱，是我给他的，临走时也说声'谢谢'了，就这样。"强盗被七里禅师的宽容感动了，只见他咬紧嘴唇，泪流满面，一声不响地跟着差役走了。

这个人在服刑期满之后，便立刻去叩见七里禅师，求埋禅师收他为弟子，七里禅师不答应。这个人长跪三日，七里禅师终于收留了他。

即使面对抢掠的强盗，七里禅师也没有说任何指责、辱骂的话语，反而原谅了他。在原谅别人的时候，他没有觉得对方是一个强盗，没有觉得有半点心理阻碍。当差役问道"这个强盗来这里抢过钱吗？"七里禅师只是说"他没有抢我的钱，是我给他的，临走时也说声'谢谢'了"。听了这样的话，有了这样的宽容，再凶狠、再无药可救的强盗也流泪了，他终于醒悟了。

1. 把原谅说出口，我们就是强者

原谅了别人，我们才是真正的强者。佛说："当你战胜了嗔恨的心魔，生命因此更自主、自在与自由。"真正的强者不是指责别人，挑剔别人，而是战胜自己，内心的心魔需要我们自省，这样我们才能对他人的错误而微笑待之。甘地曾要求自己不要怨恨任何人，他说："我知道这很难做到，所以用最谦恭的态度，尽量达成这项自我的要求。"

2. 不再挑剔与指责，学会原谅

每个人的心都如同一个容器，当爱越来越多的时候，仇恨就会被挤出去。

赢在自信

因此,要想学会原谅,不要一味地去消除仇恨,而是不断地用爱来充满内心,用爱心来滋润胸襟,这样一来,那些怨恨或仇恨就没有了容身之处。所以,试着放弃心中的怨恨,放下愤怒,善待自己,原谅他人。面对他人犯下的过错,不要总是挑剔和指责,要学会原谅。

第11章
犯了错别不好意思，
敢于承认要有担当

俗话说："人非圣贤，孰能无过。"一个再聪明的人，也有犯错误的时候。罗斯福算是20世纪的一位杰出人物了，他曾说："如果我所决定的事情有百分之七十五的正确率，便是我预期的最高标准了。"既然他的最高希望也不过如此，更何况我们这些普通人呢？

赢在自信

说错话了，不要不好意思承认错误

俗话说："人有失足，马有失蹄。"在日常交际中，无论是凡人还是名人，都免不了出现一些言语失误。虽然，这其中的原因各有不同，但失言造成的后果却是极为相似的，有时会贻笑大方，有时会纠纷四起，有时甚至不堪收拾。当然，失言并不是有心的过错，不过，却是交际失误，那么，失言后该怎么办呢？千万不要觉得话已经说出去了，就这样，不补救，不承认错误，这是极为错误的做法。失言后，我们应该谨慎、坦然地面对，虽是无心之过，但也要诚恳地承认自己的错误，以求得他人的原谅。然后，再寻找一些方法进行补救，挽救失言造成的后果。

有一次，纪晓岚光着膀子与几个人在军机处聊天，正巧乾隆带着几个随从突然到访。其他人一见皇帝来了，连忙上前接驾，躲在后面的纪晓岚心想：如果自己就这样光着膀子接驾，岂不亵渎了皇帝？可能，皇帝并没有发现自己，还是先躲一下为好。于是，情急之下，纪晓岚钻到了桌子底下，其实，这一举动已被乾隆看在眼里，他故意装作没看见，却在椅子上坐了下来。

纪晓岚在桌子底下缩成一团，大汗淋漓，却不敢出声，过去了很长时间，他没听见乾隆说话的声音，以为他走了，就问身边的同僚："老头子走了没有？"这话被乾隆听见了，他厉声问道："纪晓岚，你见驾不接，我且不怪罪于你，你叫我'老头子'是什么意思？你要一个字一个字地给我说清楚，否则，别怪我无情！"纪晓岚吓得半死，连称："死罪！死罪！"接着，慢慢解释道："万岁不要动怒，奴才之所以称您为'老头子'，的确是出于对您的尊敬。先说'老'字，'万寿无疆'称'老'，我主是当今有道明君，天下臣民皆呼'万岁'，

第 11 章　犯了错别不好意思，敢于承认要有担当

故此称您为'老'。"乾隆听了，点点头。纪晓岚继续说道："'顶天立地'称为'头'，我主是当今伟大人物，是天下万民之首，'首'者，'头'也。故此称您为'头'。至于'子'字嘛，意义更明显，我主乃紫微星下界，紫微星，天之子也，因此天下臣民都称您为天'子'。"乾隆听了，笑了，这事就这样过去了。

对皇帝失言，这可是大事，弄不好是要掉脑袋的，知道自己失言后，纪晓岚却不慌不忙，慢慢解释，补救自己的失言，在整个回答过程中，他言辞诚恳，态度谦逊，而且，又以灵敏的应变能力巧妙地圆场，这些都获得了乾隆皇帝的认同。

失言本是一时之过，却往往一失足成千古恨。因此，在日常生活中，一旦自己失言了，哪怕你没有想到补救的办法，但是，只要你能承认自己的过失，诚恳地道歉，想必也能赢得他人的原谅。有的人在失言后不仅不追悔自己的过失，反而为自己辩解，这样就让人讨厌了，而你的言行也得不到对方的谅解。

司马昭与阮籍正在上早朝，忽然有侍者前来报告："有人杀死了你的母亲！"放荡不羁的阮籍不假思索便说："杀父亲也就罢了，怎么能杀母亲呢？"此言一出，满朝文武大哗，认为他"有悖孝道"。阮籍也意识到自己言语的失误，忙解释说："我的意思是说，禽兽才知其母而不知其父。杀父就如同禽兽一般，杀母呢？就连禽兽也不如了。"一席话，竟使众人无可辩驳，而阮籍则避免了杀身之祸。

在意识到自己失言后，阮籍及时补救了自己的言语失误，借题发挥，巧妙地平息了众怒。采取一定的补救措施或者矫正之术，以避免言语失误造成的难堪局面，这是失言后首先要做的事情，如此，才能获得他人的谅解。

1. 坦率道歉

如果因为自己的无心之说而伤害了对方，或者造成了尴尬的局面，我们

应该坦率地道歉，补救失误，我们可以说："说那样的话我深感遗憾，我愿意向你道歉。"以坦率的胸襟来面对自己的过失，以诚恳的态度赢得他人的谅解。

2. 及时补救

失足了可以再站起来，失蹄了可以重新振作，而我们失言后依然可以用语言进行弥补，只要我们懂得随机应变，就能弥补自己语言的过失。比如，将错话转移到他人头上"这是某些人的观点，我认为正确的说法应该是……"又或者，将错就错，干脆重复肯定，然后巧妙地改变错话的含义，将本来的错误变成正确的说法。

大方地承认自己的不足，别不好意思

在现实生活中，许多成功学的书都教导我们要用"积极思维"来进行自我肯定，其实，这种简单的方法不仅会令自己产生挫败感，而且，也会使他人感到不悦。有时候，我们经常听到有人说"在我所从事的领域里，我是出类拔萃的""我有足够的时间、能力、智慧来做这件事""我觉得只有我才是最棒的"等。如果你仔细观察，就会发现这些人大多不受欢迎，毕竟，没有谁能认同一个争强好胜、锋芒毕露的人。在与人交往的过程中，我们要明白，你越是炫耀自己的优势，就越贬低了对方；反之，你若承认自己的劣势，则有助于对方获得优越感。人们总是青睐那些看上去有点小缺点，不会威胁到自己的人，而那些太优秀的人，无一例外地都被人们当成了竞争对手或是敌人，当然，他们是不会认同自己的敌人的。因此，在生活中，要想快速赢得他人的认同，不妨承认自己的劣势，这样，使对方获得一种优越感，而你自己也轻松地打动了对方。

第11章 犯了错别不好意思，敢于承认要有担当

小卓和小万是大学时代的好朋友，她们一起进了同一家公司，并应聘到同一个部门。小卓的性格有点内向，无论说话做事都谦和有度，彬彬有礼，而且，她经常大方地承认"这个我不太懂，特向您请教一二""做这个方案需要注意些什么问题呢，您先给我讲讲吧，以免我做错了"。如此，小卓深得上司和同事的喜欢。小万在大学时期是学生会的主席，难免自恃雄才，而且她本身又很漂亮，所以她更觉得自己是个优秀的人才，她总说"这有什么难的，我三两下就搞定了""在这个世界上，就没有我干不成的事情"，这样的她在公司里几乎没有一个可以信赖的朋友，反而给自己树立了不少对手。

有一次，公司进行新一轮的人事变动，小卓和小万所在的部门也需要提携一个得力的助手。主管为了公平起见，决定采用提名和主动竞聘两种方式。会议一开始，小万就迫不及待地开了头："我想来竞聘这个职位，因为我觉得自己各方面都比较优秀，我在大学时期是学生会干部，这让我积累了不少与人交往的实际经验……"当她在台上侃侃而谈的时候，台下的同事却小声议论起来"就她，才出校门的黄毛丫头，能行吗？""嘿，就学校那点经验还好意思说出来，有本事在社会上锻炼几年再说"……议论声越来越大，坐在下面的小卓担心地看着小万，小万却置若罔闻，依然讲得津津有味。

后来，有不少同事开始提名推荐，有人冒出一句："我觉得小卓挺不错的，谦和有度，即便对我们这样的老员工，她也能耐心请教，什么时候都面带笑容，做事也很认真，但从来不张扬……"旁边一位老员工也附和"是啊，现在就得给年轻人一个发展的机会，像我们这样的老骨头就算了"。小卓脸红了，起来说道："承蒙大家厚爱了，我觉得自己身上还有很多不足，担当不起这样的重任。"小卓这样一说，支持她的人反倒更多了，在少数服从多数的情况下，小卓被任命为部门助理。

在公司，谦和有礼的小卓和张狂不羁的小万形成了鲜明的对比，同事们在承认自己劣势的小卓面前得到了一种优越感，好像这个小姑娘总是请教这、请教那，完全威胁不到自己，这样想来，对她慢慢产生了好感。相反，小万

的自恃雄才让身边的同事感到了威胁，不自觉地就对她产生了厌恶。于是，谦和有礼的小卓受到了公司上下的一致认同，而张狂不羁的小万则被大家遗弃了。

大量事实证明，承认自己的劣势有助于对方获得一种优越感，那么，其中的奥秘在哪里呢？不可否认的是，优越感来自于比较心理。承认自己的劣势，其实就是抬高了对方，贬低了自己。即使你本身很有能力，但若在他人面前承认一些小缺点，那对方就会觉得"原来这样一个优秀的人也有缺点啊，看来，他不过和我一样""在这方面，他还真的不及我"，这样想来，他对你就会产生一种亲切感，而自己则获得了一种优越感。

其实，优越感来自于比较心理，如果自认为在某方面强过他人，就会形成一种优越感。在日常交际中，我们不要忽视人们的这一心理，保持谦虚的姿态，大方承认自己的劣势，使对方获得一种优越感，以此快速赢得他人的认同。

工作中的错误与失误要主动承担

美国田纳西银行前总经理 L. 特里曾说："承认错误是一个人最大的力量源泉，因为正视错误的人将得到错误以外的东西。"由这句话引申出来的就是著名的心理学法则——特里法则，俗话说："金无足赤，人无完人。"谁都难免会犯一点小错误，而且，每个人都存在着这样的心理：犯错误的时候，脑子里总想着隐瞒自己的错误，害怕自己承认错误之后会没有面子。其实，有这样的心理是正常的，但是，为了能够从错误中获得另外一些有用的东西，我们应该克服这样的心理。在日常工作中，如果自己在某些方面犯了一些错误，应该主动承担责任，请求领导的原谅，这才是上上策。

第11章 犯了错别不好意思，敢于承认要有担当

下属必须意识到，承认错误并不是什么丢面子的事情，相反，在一定程度上，这是一种勇敢的行为。因为，对于每一个犯错的人来说，错误承认得越及时，那么错误就越容易得到改正和补救。另外，更为关键的是，自己主动承认错误远比领导提出批评后再承认更容易得到领导的谅解。更何况，一次错误并不会毁掉以后的道路，真正阻碍你的，是那不愿意承担责任，不愿意改正错误的态度。如果我们犯了错误，而又免不了受领导的责备，何不先自己主动承认错误呢？毕竟，自己谴责自己比挨领导的批评要好受得多。因此，很多时候，下属需要主动承认错误，这样比领导提出批评后再认错更容易得到领导的谅解。心理学家认为，承认错误是一个人的最大力量源泉，同时，正视自己的错误将得到错误以外的东西，其实，敢于认错本身就具有很大的价值。

如果一个人有足够的勇气承认自己的错误，那么，在认错之后，其内心可以获得某种程度的满足感。承认错误，不仅可以消除内心的负罪感，而且有助于解决错误所衍生出来的其他问题。

1. 有担当：一切责任在我

在营救驻伊朗的美国大使馆人质的作战计划失败后，美国总统吉米·卡特在电视里郑重声明："一切责任在我。"当时，仅仅因为这句简单的话，卡特总统的支持率上升了10%。并不是做错了，就永远不能改正；不是失败了，就永远不能成功。如果我们能够勇于承认自己的失败与错误，就能赢得领导的赏识，会让领导觉得"你还不是最糟糕的""你还有潜力成为一名优秀的员工"。

2. 老板都赏识主动承认错误的员工

相比较那些总是为自己的过错寻找借口的下属而言，主动向领导承认错误，会让领导看到另一个你。虽然，有可能你的工作能力并不如其他人，但你主动、勇于承认错误这一点，将会给领导留下深刻的印象。

主动承认自己的错误是上策

俗话说："智者千虑，必有一失。"一个人再聪明，再能干，也有犯错误的时候。孙子曾说："过也，人皆见之；更之，人皆仰之。"在日常生活中，我们都不可避免地会做错一些事情，其实，做错事情并不丢人，只要能够及时认识到错误并改正，及时向对方诚恳地道歉，就能解开矛盾，获得对方的好感。有时候，我们有可能会说错话，有可能会做错事，这就难免会得罪他人，使原本和谐友好的人际关系产生裂痕。不过，在错误发生之后，如果我们能诚恳地致歉，主动说"对不起"，一般而言，我们是能够得到对方的谅解的。相反，假如我们发现自己错了，却不愿意道歉，甚至处处找借口为自己辩解，这样不仅得不到朋友的谅解，也使自己处于孤立无援的境地。

从卡耐基家步行一分钟，就可以到达森林公园。因此，卡耐基常常带着一只叫雷斯的小猎狗到公园散步。因为他们在公园里很少碰到人，又因为这条狗友善而不伤人，所以卡耐基常常不替雷斯系狗链或戴口罩。

有一天，他们在公园遇见一位骑马的警察，警察严厉地说："你为什么让你的狗跑来跑去而不给它系上链子或戴上口罩？你难道不知道这是违法的吗？""是的，我知道。"卡耐基低声地说，"不过，我认为它不至于在这儿咬人。""你不认为！你不认为！法律是不管你怎么认为的。它可能在这里咬死松鼠，或咬伤小孩。这次我不追究，假如下次再被我碰上，你就必须跟法官解释了。"警察再次提出了警告。

卡耐基照办了，可是，他的雷斯不喜欢戴口罩，他也不喜欢这样做。一天下午，他和雷斯正在一座小坡上赛跑，突然，他看见那位警察大人正骑在

第 11 章 犯了错别不好意思，敢于承认要有担当

一匹棕色的马上。卡耐基想，这下栽了！他决定不等警察开口就先发制人。他说："先生，这下你当场逮到我了。我有罪。你上星期警告过我，若是再带小狗出来而不给它戴口罩，你就要罚我。""好说，好说。"警察回答的声调很柔和，"我知道没有人的时候，谁都忍不住要带这样一条小狗出来溜达。""的确忍不住。"卡耐基说道，"但这是违法的。""哦，你大概把事情看得太严重了。"警察说，"我们这样吧，你只要让它跑过小山，到我看不到的地方，事情就算了。"

在这个案例中，卡耐基先后两次向警察诚恳地道歉，最后一次，他先发制人，率先批评自己，言辞恳切地表示自己应该受到惩罚。出人意料的是，就在卡耐基一个劲地责备自己的时候，警察开始宽容他的过错。在生活中，如果我们免不了受责备，为什么不自己先认错呢？至少，谴责自己总比挨别人的批评要好受得多，而且，更容易得到对方的谅解。

诚恳而巧妙的道歉，能够挽救人际危机，化解尴尬气氛，继而巩固关系，促进新的人际关系的发展。不过，在此过程中，道歉也是需要技巧的，下面我们就简单地列举几种道歉技巧：

1. 道歉用语

诚恳的道歉需要适宜的道歉用语，比如"对不起""请原谅""很抱歉""请你转告王先生，就说我对不起他""对不起，是我的错""我错怪你了""不好意思，给你添麻烦了"，等等。

2. 把握道歉的最佳时机

当你发现自己说错了话或者做错了事时，就需要及时地道歉，道歉越及时越有效果，我们很难想象在几十年后才说"对不起"会是一种什么效果。当然，道歉的最佳时机还应该选在双方都心平气和的时候，这样对方更容易接受你的道歉。

3. 先批评自己

并不是等对方责备你时再道歉，我们应学会先发制人，率先批评自己，这样对方就不好意思再责备你了，而且，也会宽容地谅解你的错误言行。

无意得罪领导，如何巧言认错

在日常工作中，有时难免会因说话太随便，或许引发一些行为冲突，结果发现自己得罪了领导。作为下属，如果察觉到自己得罪了领导，那就需要用语言来挽回自己的过失，求得领导的原谅。在这样的情况下，语言表达是有一定技巧的，因为下属相当于"负荆请罪"，因此在语言表达上，需要尽量讨得领导欢心，求得领导原谅。下属在态度上应该是谦逊的，而不是倨傲的，如果你明明得罪了领导，还是一副嚣张的样子，那领导首先不会给你好脸色。因此，无论是说话语气，还是自身的行为态度，都应谦虚谨慎，尽量以赞美的语言打动领导，从而达到自己的目的。

袁世凯窃取了辛亥革命的革命果实，掌握了中华民国临时大总统权力后，整天做着自己的皇帝梦。一天，袁世凯正在午睡，一位侍婢端来参汤，准备等袁世凯睡醒后喝。谁知这位侍婢在进门的时候，由于不小心差点摔倒，虽然身子稳住了，但却将手中珍贵的羊脂玉碗打翻在地，化为碎片。玉碗的破碎声惊醒了袁世凯，他一见自己心爱的羊脂玉碗被摔得粉碎，气得满脸颤抖，大声吼道："今天俺非要你的贱命不可！"

在这关键的时刻，婢女连忙跪着哭诉："这不是小人之过，婢女有下情不敢上达。"袁世凯大骂道："快说快说，看你死到临头，还能编出什么鬼话。"侍婢哭着回答："小人端参汤进来，看见床上躺的不是大总统。""混账东西"

第11章 犯了错别不好意思，敢于承认要有担当

袁世凯更加生气，"床上不是俺，能是啥？""小人不敢说，怕人哪！"婢女哭声更大了。袁世凯气得站了起来，咬牙切齿地说："你再不说，瞧俺不杀了你！"

"我说，我说。床上，床上……床上躺着一条五爪大金龙！婢女一见，吓得跌倒在地……"袁世凯一听，心中不由一阵狂喜，心想：原来自己是真龙转世，一定会登上梦寐以求的皇帝宝座的。顿时，袁世凯怒气全消，还拿出厚厚的一沓钞票为婢女压惊。

虽然，婢女打碎了羊脂玉碗，打翻了参汤，这若依了袁世凯的脾气，定会砍头的。婢女自己也明白，如今得罪了袁世凯，肯定会惹来杀身之祸，这该如何挽回自己对主子的得罪呢？聪明的婢女灵机一动，自己整日侍奉主人，当然知道他梦想当皇帝。于是，急中生智，编出了"五爪金龙惊落玉碗"的故事。这样的赞赏无疑满足了袁世凯的心理，顿时令他转怒为喜，而那位婢女不仅捡回了一条命，还得到了意外的赏赐。

明朝建立后的某一天，明太祖朱元璋在大殿上想，江南之地已归己有，便命画工将江南山川画于殿壁之上。画工答道："臣未遍迹山川，且才识浅薄，不敢奉诏。"朱元璋勃然大怒："小奴才，胆敢违旨抗命，可否知罪？"于是命刀斧手将画工推出去斩首。

此时画工急中生智道："陛下息怒。您遍历九州，见多识广，而且是您的江山，您了如指掌，有劳陛下先画个轮廓。"朱元璋一听，果然转怒为喜，然后挥笔画了一个轮廓，让画工开始润色。这时画工却说："陛下江山已定，岂可动摇？"没想到，这句话说得朱元璋心头大喜，不但免去了画工的死罪，还赏了他三百两银子。

案例中，本来朱元璋要求画师将山川画在殿壁之上，画师却因实有难处而委婉拒绝，不料得罪了朱元璋，眼看自己人头快要落地，急中生智的他口舌如簧："陛下息怒。您遍历九州，见多识广，而且是您的江山，您了如指掌，有劳陛下先画个轮廓"。朱元璋一听，果然转怒为喜。最后，画师不仅捡回了性命，而且得到了赏赐。

在工作中无意得罪了领导并不可怕,关键是你需要用几句话及时挽回局面,否则局面将一发不可收拾,说不定就此断送自己的职场生涯。对此,下属需要在平时多磨炼口才,提高灵活多变的语言表达能力。这样一来,即使在紧要关头,也可以急中生智,以寥寥数语挽回领导对自己的信任。

看准时机,赞美要在点子上

赞美要自然,那些悦耳、好听的语言就好像潺潺溪水,不做作,不矫饰,让别人一听就喜欢。相反,如果你的赞美太做作,故意使用大量虚伪的语言,反而会让对方生厌。赞美要自然,首先应该建立在真实的基础之上,也就是你所赞美的地方,正是对方身上所存在的优点,这样你的赞美才会有效果;其次还应该注意语言不能太过矫饰,淳朴的语言才是最自然,最容易打动人的。在某些时候,泛泛的赞美很快就让我们词穷了。如果在领导面前,还是这么几句话,那就等于没说,这时我们可以将表达变得更自然一些,比如见到女人,不赞美她漂亮,而赞美她"今天的发型让你神采奕奕",这样的赞美是否更自然一些呢?

王女士在公司做行政工作,人漂亮又聪明,而且嘴巴很甜。王女士的领导十分喜欢打扮,很会搭配衣服,稍微一变换,就能变换出许多新衣服。而嘴巴很甜的王女士,则成了这位领导苦恼的对象,因为王女士总是夸张地赞美自己,而那些赞美听起来令人很不舒服。

每天早上一到公司,王女士那不顺耳的赞美又来了:"哇,经理,又买了一套新衣服,对不对?颜色好艳丽哦,穿在你身上就是不一样,好像蒙娜丽莎。"蒙娜丽莎?有这样赞美人的吗?一点都不清楚蒙娜丽莎是谁就这样说话,领导心里很不舒服。过了一天,王女士的赞美又来了:"看看看!又是一套,很贵吧?还有项链、耳环,也是新的吧?我就是缺这样的本事,不像你每天都打扮得像

第11章 犯了错别不好意思，敢于承认要有担当

花儿一样美丽。"花儿一样美丽？领导听到此处大跌眼镜。

在案例中，王女士对领导的赞美"打扮得像花儿一样美丽""好像蒙娜丽莎"，关键是王女士根本没搞清楚对象，就夸张赞美，这样的比喻令人听了生厌，还不如不说。赞美缺乏自然，就好像生活失去真实一样，不仅不能打动领导，反而会让领导心生反感。

成功学大师戴尔·卡耐基曾做过二流推销员，那确实是一段难忘的经历。当时，卡耐基对发动机、车油和部件设计之类的机械知识毫无兴趣，这样一来，他完全无法掌控自己推销产品的实质。

有一次，店里来了一个顾客，卡耐基立即走上去向他推销货车，不过，他说的话却往往连货车的边都沾不上。顾客觉得卡耐基是一个疯子，这时，老板气愤地走过来，大声吼道："戴尔，你是在卖货车还是在演说？告诉你，明天再卖不出去东西，我会让你滚蛋。"这下，卡耐基着急了，如果丢了这份工作，将意味着自己无法生存了。

于是，卡耐基立即说："老板，你是最仁慈的老板了，有了你，我才吃上了面包。你放心，为了你让我可以吃上面包，我会好好干的。而且，瞧你今天穿得多精神啊，相信你今天的生意会一帆风顺的。"被赞美了几句，老板的气消了，再也没说过解雇的事情了。

仔细回味卡耐基对老板的赞美，虽有夸张之嫌，但听上去却很自然。"老板，你是最仁慈的老板了，有了你，我才吃上了面包，你放心，为了你让我可以吃上面包，我会好好干的"，这样的话语正表现出老板的重要性，而这正是老板所希望听到的。于是，通过这样一句赞美的话，老板的气消了，再也不提解雇的事情了，这实际上就是赞美的功效。

第12章
敢于自嘲，
好意思"丢面子"才能给朋友挣面子

　　自嘲就是自己开自己的玩笑，自嘲并不是自贬身价，也不是自轻自贱，更不是自取其辱。其实，自嘲是一种自我谦虚，是自我曝光缺点，也是自我的一种调节。自嘲不同于那种低级趣味的玩笑。

第12章 敢于自嘲，好意思"丢面子"才能给朋友挣面子

死要面子只能活受罪

古代人常说"有辱斯文"，意指自己丢了面子，而现代人更是提出了"人活一张脸，树活一张皮"的惊人言论。古往今来，面子似乎都成了一种国民性的东西，其实，爱面子更是一种人的天性。爱面子之心，人皆有之，每个人活在这个世界上，都渴望得到别人的尊重，都希望自己在别人面前能有面子。当夏娃和亚当偷吃了禁果，他们有了羞耻心，于是开始穿上衣服，像这样一份羞耻心从某种程度上也可以说是一种爱面子。这样一种面子思想根深蒂固地深植在人们的心里，不可动摇。因此，人与人之间的相处，就逐渐沦为一种争面子的交际游戏，谁面子有光谁就是交际中的佼佼者。当然，自己面子的赢得必然是建立在驳了别人的面子基础之上的。当你在尽情地表现自己的时候，为自己争得了面子，却抢占了别人的表现机会，这样一种功利性太强的心理会影响到自己的交际效果。实际上，即便丢了面子，也千万不要觉得不好意思，不妨当作给对方的一个表现机会。

诗人海涅是一位犹太人。有一次，他遇到了一个商人，那个商人对他说："我最近去了塔希提岛，你知道在岛上最能引起我注意的是什么吗？"海涅说："你说吧，是什么？"商人说："在那个岛上呀，既没有犹太人，也没有驴子！"海涅回答说："那好办，要是我们一起去塔希提岛，就可以弥补这个缺陷。"听了这句话，商人窘迫地红了脸，不知所措。

在最开始交谈的时候，商人就没有给诗人海涅面子，而是不怀好意地把"犹太人"与"驴子"相提并论，这显然是暗骂犹太人与驴子一样，都没有能力到达那个岛屿。这些话自然伤害了诗人海涅的自尊心，所以，对于他人驳了自己

的面子，海涅并没有不好意思，而是微笑着，把商人说成了驴子，以挽回自己的面子与自尊。

人与人在交往的时候，难免会因为自私而竭力维护自己的面子，充分展现自己的才华与能力。这时候，他们往往忽视了身边的朋友，当你表现得越优秀，他们的脸色就越难看，这无疑是当场不给对方面子。所以，谦虚地把自己隐藏起来，给朋友一个展现自我的机会，丢了面子又有什么关系呢？朋友表现得越出色，你也就越有面子，而且你越能赢得朋友的好感，又何乐而不为呢？

春节前夕，公司员工在酒楼聚餐，各个领导阶层、各层员工都到了。小李和小王是一对好朋友，也同属于一个部门，所以，他们两个挨着坐下来，很快就与身边的同事聊得热火朝天。小李性格比较活泼，平时也喜欢吹牛，他在同事们的起哄下说起了平日追女孩的趣事，逗得大家哈哈大笑。而小王天性比较内向，看着小李那么受欢迎，隔壁那桌的女同事还直盯着小李看，小王心里就有点失衡了。他一个人摆弄着那些桌上的餐具，偶尔被身边的同事挤了，还露出不悦之色，同事见状连忙把身子往小李那边移了移，这样一来小王显得更孤寂了。于是，他故意将桌上的每一件餐具都往朋友小李那边移动，结果本来谈话兴趣非常浓厚的小李开始变得心神不定，不时地向小王看看。这时候，小王一不小心就把一杯刚倒好的茶水打翻了，正好倒在了小李的身上，小李不悦地对小王说："你在干什么？"说完，去卫生间整理衣服，出来之后，他就坐到了另外一个位置，也不再搭理小王了。

当小王故意把桌子上的餐具往小李位置那边移动时，这让正在聊天的小李感到某种压力，那就是自己的精神领地受到了侵犯，感觉作为朋友小王并没有给自己面子，因而变得不愉快。事实上，我们每个人都有自己的一块精神领域，一旦跨过了这一界限，就会认为被侵犯和不尊重。所以，当我们与朋友相处的时候，尽可能地给对方一个表现的机会，给足对方面子，至于自己丢了面子，也没必要去深究。

第12章 敢于自嘲,好意思"丢面子"才能给朋友挣面子

1. 爱面子是自尊心驱使的

每个人都是有自尊心的,无论是大人还是孩子,无论是男人还是女人,无论地位高低,无论身份贵贱,这时候那强烈的自尊心就体现在面子上。这在心理学上认为,自尊是每个人的精神需要,也是一个人的人格体现。当人们为了自己的自尊去做各种事情的时候,这并不是一种错误,而是理所当然的行为。虽然,有时候,人们为了自尊心,为了赢得面子,或多或少都有自私心,但那并不是人们愿意这样去做的,而是天性使然。

美国哲学家约翰·杜威说:"人性深处最渴望的是一种'自重感'。"这时候,人们最强烈的精神需求就体现为自尊、尊重、面子。我们可以把"人人都爱面子"理解为他们维护自尊,渴望别人尊重的需要。而这样的一种心理需要也体现在人与人之间的交往上,如果你想要与之建立融洽的人际关系,不妨丢开自己的面子,学会维护好别人的面子。

2. 不要为了面子而让自己活得很累

在生活中,许多人为了满足虚荣心,不惜一切代价要个面子,其实殊不知这是给自己戴上假面具,套上枷锁,活得很不真实,自己也会觉得累。面子固然重要,不过完全没必要为了没意义的面子让自己受苦遭罪,顺其自然才是最可贵的。对于我们而言,面子这个东西不能全丢也不能看得太重,需要具体问题具体分析。

交际场合别怕丢面子

每个人都有几个好朋友,一起分享心情,畅谈人生,共叙真情。但是,一旦到了关键时刻,有的人为了挣面子,不惜驳了朋友的面子,他们认为自己就

是最大的赢家。其实，不管在哪个场合，你与朋友都是共同体，那就表示你们是荣辱与共的。当你赢得了面子，践踏了朋友的面子，实际上你在人们面前已经丢掉了"面子"。这样的"面子"隐含着人们对你的评价以及对你真诚的质疑，你的影响力在逐渐减弱，人们会把同情的目光转向你的朋友。假如你能够丢下自己的面子，这无疑是保全了朋友的面子，朋友脸上有光，你自然也跟着沾光，而且你那种大度的胸怀也会受到人们的称赞。所以，当你在朋友面前稍微放低姿态，就一定会受朋友欢迎，这才是人生中的大智慧。因此，适当的时候，大度地放下自己的面子，这不仅仅是为朋友长面子，也是让自己脸上有光。

华老是一个头发花白但很干净的老人，他瘦小驼背，无亲无故，孤零零地住在印第安纳波里斯市北区一幢整洁的木屋里。这过去的21年来，他一直挨家挨户地兜售杂货，以此谋生。华老有三件事非常令人难忘：一是他从来不当自己是小贩，他总是对顾客说："我是推销员"；二是限定自己每年到每户人家3次，说这样不至于讨人厌，并以此说明他是一位懂规矩的推销员；三是他从不向邻居推销，每有邻居向他买东西，他就说："我是你的街坊嘛，希望你当我是街坊，而不是站在你门口的推销员。"

1971年2月的一天，华老人离开了人世。次日，当地报纸登出一篇有关华思老人的文章，其中透露了华思生前说过的一句话，就是"担心将来死了没人送终"。出乎意料的是，华老葬礼的那天，无论男女老少，无论穷人富人，只要认识华老的人都来到墓地，为华老送行。

华老一直努力生存，但却不会让顾客讨厌自己，而且在邻居面前也一直扮演着"街坊"的角色。因为他尊重了别人，所以，他才得到了别人的尊重。后来，他离开了人世；而那句"担心将来死了没人送终"引起了人们的恻隐之心。为什么他活得那么有尊严，那就是他自然地放低了自己的身份，放下了自尊，从而为那些主动前来送终的人们给予了尊重与面子。虽然，他只是一个小小的推销员，但他的言行却为自己赢得了不少朋友，无论是男女还是老少，无论是穷人还是富人，只要是认识他的人都来参加了他的葬礼，也为自己带来了许多面子。

第 12 章　敢于自嘲，好意思"丢面子"才能给朋友挣面子

1. 给足朋友面子

在日常生活中，我们或多或少都得到过朋友的一些恩惠，比如朋友给予我们的关怀、帮助等。这时候，我们要敢于舍下自己的面子，让朋友面子上有光。如果你依靠朋友的关系找到了一份好工作，在人前你大可以说"真是托某某的福气，我现在工作很好"，这样就巧妙地为朋友长了面子。假如你心里不愿意承认自己是依靠朋友才找到工作，还死要面子地说"我都是靠自己的实力才进了这个公司"，这既让身边的人看透了你的虚伪，也让你因此失去一个好朋友。

2. 面子这东西你给了朋友，总有一天他会还你

在朋友面前，面子是可以稍微地减少点分量，只有当你放下了自己的面子，才会获得真正的友谊。放低自己的姿态，是为了抬高别人，当朋友感觉脸上有光的时候，他会更加感激你。人与人之间就是相互的，今天你愿意为朋友丢面子，他日朋友也会为了你丢面子，只有懂得给予才会有所获得，这是一个绝对的真理。

无论如何都要维护朋友的面子

朋友之间也会出现一些小摩擦、小冲突，于是，昔日的好友一下子变成了谁也不搭理谁的陌生人。即便心里觉得有所愧疚，也碍于面子不愿意主动道歉，这时，本来一次很普通的冲突就变成了一场拉锯战，看谁先沉不住气，谁先主动道歉谁就是输家。实际上，面子固然重要，但朋友更加可贵，所以，面对这种情况，应该放下自己的面子主动道歉，留住好朋友。每个人在内心

深处都是爱面子的,而朋友之间有了冲突就喜欢"冷战",心里明明很想与对方继续保持这段友谊,却不愿付诸实际行动,最后只能独自品尝失去朋友的滋味。有时候,为了面子,有的人不知道失去了多少难以割舍的朋友。为了虚伪的面子,却失去了最好的朋友,这简直是得不偿失。如果这时候,自己肯放下面子主动道歉,就可以挽回这段友谊,留住好朋友,那才是最值得的。因为失去的朋友难以挽回,而在朋友面前失去了面子却只是一件小事而已。我们每个人都要学会权衡利弊,学会放下自己的面子,主动向朋友道歉,重新获得一段友谊。

赵明和王刚原来是一对很要好的同事和朋友,可近来的关系却十分紧张,似乎到了"割袍断义"之时。一些不清楚事情真相的人还以为他们之间发生了什么天大的事情,不然两个非常要好的朋友也不会成现在这样子。那么,究竟是什么原因导致他们之间出现了决裂?

原来,早在一周前,赵明买了一套非常满意的高档西装,可刚穿一个星期关键部位的一枚纽扣就被他弄丢了。赵明很惋惜,不料偶然发现了整日挂在洗手间的一件衣服上面的纽扣与自己那件西装上的纽扣很像。赵明翻了翻那件衣服,好像是某位清洁工的工作服,他想了想,乘人不备就悄悄地扯下了一枚纽扣,准备将它缝到自己的衣服上滥竽充数,并且他得意地将这"妙计"告诉了好朋友王刚。不料几天过后,办公室里的同事都知道了赵明这个笑料,原来王刚把这"妙计"当作笑料讲给了办公室的所有人听,以致当时在场的人都开始嘲笑赵明。赵明觉得自尊心受到了打击,觉得自己在办公室太丢面子了。王刚看着怒气冲冲的赵明,觉得自己做错了事,想道歉,可是却放不下面子,临下班的时候,他想叫住正要走的赵明,可总觉得自己说不来。于是,他就放弃了。第二天早上,办公室又把这件事当作笑料大谈特谈,赵明看见坐在一边毫无动静的王刚,立即恼羞成怒,反唇相讥,大揭王刚的许多"底牌",于是乎,后果可想而知。

如果王刚能够事后主动向朋友赵明道歉,那么结果就不会愈演愈烈了。虽

第 12 章 敢于自嘲，好意思"丢面子"才能给朋友挣面子

然事情的起因只是一颗几分钱的纽扣，但却大大地伤害了赵明的自尊，让他在同事面前很丢面子，朋友之间出现了裂痕。关键时刻，王刚本来想道歉，可是碍于面子没有主动向朋友道歉，也没有化解办公室的笑料。这使得本来就很气愤的赵明更加生气，所以，才导致昔日好友反目成仇。

1. 放下面子，获得友谊

假如每个人都顾及自己的面子，那这个世界就不会成为一个整体了。朋友之间也是一样的道理，主动向朋友道歉并不是一件丢面子的事情，反而让你拥有了颇为珍贵的友谊。当我们还在为面子而挣扎的时候，想想朋友间珍贵的友谊，那你就不要犹豫了，学会放下面子主动向朋友道歉，留住好朋友，留住一段珍贵的友谊。

2. 在友情面前，面子和自尊都没有那么重要

有人认为主动道歉就是丢了面子，意味着自己在朋友面前低头了，这是自己所不能容忍的。其实，低头并不是一种错误，也不会让你丢掉面子，而是挽留一份真挚的友谊。好朋友之间都或多或少都发生过不愉快，但不是所有的人都懂得低头。那些主动向朋友道歉、肯低头的人，他们一定更加珍惜这段友谊。

有时候，低头并不是认错，或许会让你在朋友面前失去面子，但为了挽回一段真挚的友谊，付出再多都是值得的。朋友之间出现了矛盾并不要紧，但一定要学会忍让、道歉、低头，因为死要面子只会痛失一段友谊。假如朋友之间发生了不愉快，总是选择赌气，这样就很容易造成误会。既然选择了他作为你的朋友，那就确定了他是对你而言比较重要的人。学会放下自己的面子，放下那些所谓的自尊，好好地交流沟通，这样你的生活才会五彩斑斓。

主动向朋友道歉并不会丢面子

俗话说:"人争一口气,佛争一炷香。"在中国人的眼里,面子这个东西是非常重要的,它总是与一个人的人格、自尊、荣誉、威信、影响、体面等联系在一起。如果一个人的面子受到损害时,他就会下不来台,就会生气。因为爱面子,也怕丢面子,因此有些人总是千方百计地维护自己的面子,而在这一过程当中,他们失去了许多很有价值的东西。"死要面子活受罪"说的就是这个道理。对于那些死要面子的人,一旦自己的正当利益受到损害或威胁时,却因为害怕丢面子,不敢站出来据理力争,最后只能看着本来属于自己的那份利益被他人抢走,可谓是哑巴吃黄连——有苦说不出。

惠心禅师做小沙弥时,皇帝赏赐不少,惠心托人送给母亲,以表孝心。不久,母亲写信来说:"你给我的东西,是皇上的赏赐,我当然十分喜欢。但我当初送你学道为僧,是希望你做一个有修有证的禅人,并不希望你一生都在名利场中生活。如果只好世间的虚荣,就是违背了我的心愿。希望你记住什么叫作'真才实学'。"

惠心沙弥收到这封信后,从此立志要做一个真正弘法度众的宗教家,效法《华严经》中的提示,"但愿众生得离苦,不为自己求安乐",而不再汲汲名利上的追求。

面子是表面的,并没有什么实际的内容,死要面子就是虚荣心的表现。在对待面子这个问题上,我们一定要学会放下,面子既不能不要,也不能死要面子,让自己活受罪。否则,自认为要了面子,其实往往丢了面子,丢了面子事小,自己白白吃亏就太不划算了。

第12章 敢于自嘲，好意思"丢面子"才能给朋友挣面子

有个书生家里很穷，却很爱面子。一天晚上，小偷来到他家中，搜寻之后，没有发现值得一偷的东西，便跺脚叹道："晦气，我算碰到了真正的穷鬼！"书生听了，赶紧从床头摸出仅有的几文钱，塞给小偷，说："您来得不巧，请您把这点钱带上。但在他人面前，希望您不要张扬，给我留点面子啊！"

这个书生就是一个爱慕虚荣的人，其实这样的人在生活中有很多。这些都是自己的虚荣心在作怪。不论处在人生的哪个阶段，不论处于怎样的境地，都要警惕自己的虚荣心。有时候，与其装出一副自己都对、扬扬得意的样子，还不如做错事情的时候勇敢承认。

齐国有一个人，娶了两个老婆。这个齐国人很爱面子，经常在妻子面前炫耀自己在外面跟大人物来往。他常常喝得醉醺醺地回家。大老婆问他："你跟什么人喝酒？"他扬扬得意地回答："都是些有钱有势的大官人！"

大老婆便告诉小老婆，说："丈夫外出，总是饭饱酒醉而后回来。问他同什么人吃喝，他说全都是一些有钱有势的。但是，我从来没有见过什么显贵人物到我们家来，我准备偷偷地跟踪他，看他究竟到了些什么地方。"

第二天清早起来，大老婆便偷偷跟随在丈夫后面，走了很久，全城几乎都走遍了，也没发现一个显贵的人物站住同她丈夫说话。最后，来到了东郊外的墓地，看见丈夫走向一些祭扫坟墓的人，讨些残菜剩饭；此处不够，又东张西望地跑到别处去乞讨。真相终于大白。

大老婆回到家里，便把情况告诉了小老婆，悲痛地说："丈夫是我们仰望而终身倚靠的人，现在他竟然这样欺骗我们，我们还有什么指望呢？"两人便在家里一起哭起来，咒骂着自己的丈夫。但丈夫还不知道，高高兴兴地从外面回来，又向他的两个女人耍起威风来了。

或许有人说，男子汉大丈夫，怎么可以不要面子呢？那么，到底什么是面子呢？难道大丈夫的面子就是在妻儿面前发号施令、颐指气使的样

子?难道大丈夫的风度就是当众喝酒赌博、狂言乱语的样子?俗话说得好:"大丈夫能屈能伸。"假如连一点小事都觉得丢了面子,那还算是一个大丈夫吗?

鲁迅在《"要面子"与"不要脸"》的文章里面说,"要面子"与"不要脸"实在也有很难分辨的时候。例如一个绅士,叫他四大人吧,有钱有势,人们都以能和他攀谈为荣。有一个专爱夸耀自己的叫花子,有一天,突然高兴地对大家说:"四大人和我说过话了!"大家既惊奇,又很羡慕,问他:"说了什么呢?"叫花子回答说:"我站在门口,四大人出来了。对我说:'滚开!'"所以,有些自以为有了面子的人,实际上是"不要脸"的人。在生活中我们要时时警惕自己,看看自己是否要了不该要的面子。

1. 不要为了面子把自己逼"疯"

在生活中,有的人原本很穷,却死要面子,勒紧裤腰带,与人比阔;有的人,为了死要面子,四处吹嘘自己怎么"有能耐""能办事",无限夸大自己所谓的"后台"如何"硬";也有的人明明意外成功,明明很高兴,却死要面子,假装深沉,装作若无其事。其实,这些事情是可以把自己逼"疯"的。对于那些爱面子的人,他们总是采取一种务虚而不务实的态度,把面子放在绝对不可动摇的位置,自动承受由此带来的利益上的巨大损失。

2. 不要得了面子,丢了里子

面子是表面的,是虚浮的,要面子就是虚荣心的表现,里子是深层的,是实实在在的。面子华而不实,里子却是表里如一。里子真实的人,虽然没有外表的美,却有内心美,最终会得到人们的理解和尊重,一个人假如没有灵魂,那么这个躯壳还有什么用?

第 12 章　敢于自嘲，好意思"丢面子"才能给朋友挣面子

口下留情，给对方一点薄面

人们在日常生活中，一定会选择购买实惠的商品，因为比较实用而又优惠，套一句老百姓经常说的话"图的就是实在"。可是，在人生的路途上，他们却只为虚名而不管实惠，似乎那种外表好看而又不切实际的诱惑力更大一些。虚名是什么？那就是一个空虚的名称，不切实际的声誉，没有任何的实际内容。它就如同飘浮在阳光下的肥皂泡泡，也许依稀透过阳光，你还可以看见五彩斑斓的蓝天，但是，若你用指尖轻轻触碰，它就瞬间毁灭了，只化为几滴脏兮兮的肥皂水。这时候你会觉得，揭开虚名那漂亮的外衣，其实里面空空如也，根本不值得自己去盲目地追求。

也许，大家都明白这样的道理，怎奈心中难以满足的虚荣心理，整天还是为虚名而劳累着。可能平时只是一名普通的小职员，突然被通知去参加几日的培训，然后便可能成为今年的发展对象。虽然表面上显得毫不在乎，但心里却开始偷笑，终于迎得了这个机会。即便知道那只是一个虚名而已，但还是不想拱手让人，不为别的，全为了满足自己的虚荣心理。其实，与其去追逐一些不切实际的声誉，还不如踏实地去做一点实际性的工作。所以，当你放下那徒有的虚名，得到的只是实惠，这样的人生似乎才货真价实。

2001 年是美国耶鲁大学 300 周年校庆，全球第二大软件公司"甲骨文"的行政总裁、世界级富翁艾里森应邀参加典礼。艾里森当着耶鲁大学校长、教师、校友、毕业生的面，说出一番惊世骇俗的话，他说："所有哈佛大学、耶鲁大学等名校的师生都自以为是成功者，其实你们全都是失败者，因为你们以在有过比尔·盖茨等优秀学生的大学念书为荣，但比尔·盖茨却并不以在哈佛读过书为荣。众多最优秀的人才非但不以哈佛、耶鲁为荣,而且常常坚决地舍弃那种荣耀。世界第一富比尔·盖茨,中途从哈佛退学;世界第二富保尔·艾伦,根本就没上过大学;世界第四富,就是我艾里森,被耶鲁大学开除;世界第八富载尔,只读过一年大学;微软总裁斯蒂夫·鲍尔默在财富榜上大概排在十名开外,他与比尔·盖茨是同学,为什么成就差一些呢?因为他是读了一年研究生后才恋恋不舍地退学的……"

这些闻名于世的富豪,他们舍弃了虚名,创建了伟业,这对于他们的人生来说,何尝不是一种成功?正如艾里森所说"你们以在有过比尔·盖茨等优秀学生的大学念书为荣,但比尔·盖茨却并不以在哈佛读过书为荣",也许在别人眼里,能成为世界首府哈佛学院的一名毕业生,那是多么诱惑的虚名,或许就是"哈佛大学"这四个字已经成了许多学子一生追逐的虚名。但无论是比尔·盖茨还是艾里森,他们都没有被虚名所拖累,而是敢于放下虚名创伟业。

1. 舍弃虚名

作为道家的创始人,老子一直倡导"舍弃虚名"。他认为,眼睛是用来分辨真伪的,而一旦被华丽的色彩所蒙蔽就会失去分辨的能力,所以,华丽的色彩容易使人的眼睛受到伤害;耳朵是用来接纳教诲之言的,一旦被杂乱的音乐干扰,就失去了专一,所以,那些美妙的音乐也容易使人的耳朵逐渐麻痹;口舌拥有感知各种味道的能力,一旦过多地品尝佳肴就会使口舌麻木,所以,那美味的食品容易使人的品位变得挑剔;金银珠宝等稀世之珍,激起了人性的贪婪欲望,驱使人们钩心斗角、尔虞我诈,甚至草菅人命,所以,珍贵的物品会使人品德败坏而导致偷盗行为。因而,那些被称为圣贤的人只追求果腹,而不追求外在的美观。舍弃虚名,老子并不是反对人们享受生活,而是教诲其抵制各种欲望的诱惑,保持内心清净,才能生活得幸福快乐。那些欲望的诱惑,就有来自虚名的诱惑,因此,不要虚名,赢得实惠,这对于人生来说就是一种难得的智慧。

2. 人生图的就是实在

2008年，董方卓回归的消息一经传出，新闻媒体各路消息铺天盖地，褒贬不一。作为母亲的李伟女士坦言："我早就和董方卓谈过，放弃所谓的豪门虚名，真正找到踢球的快乐，离开曼联是早晚的事情。他回来后，希望他能把非议当成变相的激励，展现自己的能力，全心全意帮助大连队取得好成绩，这样我就欣慰了！"作为第三个踏进曼联训练营的中国球员，也许他头上顶着许多虚名，但他还是决定放弃那所谓的豪门虚名。人生就是这样，只有舍得放弃才能有所获得，正如他放弃了虚名而赢得了实惠。

第13章
大胆说"不",
别不好意思拒绝他人

拒绝是一门语言的艺术,更直接体现出一个人的智慧。学会拒绝是我们的一种自我保护,也是一种豁达明智的心态,更是一种卓越的口才技巧。在生活中,或许我们都会遇到需要拒绝的人和事,这时就需要委婉地拒绝,将拒绝的话说得更动听。

第13章 大胆说"不",别不好意思拒绝他人

用"抬高"他人的方式来巧妙拒绝对方

在日常生活中,我们都不可避免地会遇到需要拒绝的人或事,面对别人提出的不合理、不合适的要求或者自己不愿意去做的事情,我们需要大声说"不",不要忍受欺负,不要总是对别人言听计从。虽然,拒绝是必然的,但拒绝的方式却是需要考量的,直接的拒绝将意味着对他人意愿或行为的一种否定,无形中会打击对方的自信心,甚至伤害对方的自尊心。那么,如何保全双方的面子,又巧妙地达到拒绝的目的呢?我们可以通过语言来向对方暗示"拒绝",拒绝也是一种艺术,这样既能达到巧妙拒绝的目的,又不至于让对方心里产生不快的情绪,这才是最高明的拒绝。有些时候,我们不得不说"不",当然,拒绝并不是以伤害他人为目的,而是以和为贵,尽量在保全双方面子的前提之下进行。

一位男青年被女播音员优美动听的声音吸引,来信希望见一见播音员本人,对此,播音员回信说:"这位听众朋友,首先,我了解你的心情,感谢你的好意。你听过'知人知面不知心'这句格言吧,看来,交朋友最难的是交心。那么,还是让我们做知心的朋友吧!"通过语言暗示"拒绝",而且拒绝方式极其婉转,回应了男青年提出的无理要求。

有一天,萧伯纳收到了著名舞蹈家邓肯的求爱信,她在情信中写道:"如果我们结合,有一个孩子,有着和你一样的脑袋,和我一样的身姿,那该多美妙啊!"萧伯纳看了信以后,很委婉又很幽默地回了一封信,他在信中说:"依我看那个孩子的命运不一定会那么好,假如他有我这样的身材,你那样的脑袋岂不糟糕了吗?"

赢在自信

邓肯收到信以后，明白了萧伯纳的拒绝之意，她失望地离开了，但她一点也不恨萧伯纳，反而成为他最忠实的读者和好朋友。

拒绝的话一向都不好说，说得不好很容易扫了对方面子，或者让自己陷入尴尬的境地。所以，我们在拒绝他人时，需要讲究策略，最关键的一点就是用含蓄委婉的语言来传达"拒绝"的心理。

在拒绝的时候，我们需要考虑到对方的面子，而幽默的拒绝恰好可以巧妙地体现这一点，用幽默的方式来拒绝对方，让对方在毫无准备的大笑中"失望"。比如面对同事相约去钓鱼的要求，"妻管严"丈夫回答"其实我是个钓鱼迷，很想去的，可结婚以后，周末就经常被没收了"，同事哈哈大笑，也就不再勉强他了。

意大利音乐家罗西尼生于1792年2月29日，因为每4年才有一个闰年，所以在他过第18个生日的时候，他已经72岁了。在他过生日的前一天，一些朋友告诉他，他们凑集了两万法郎，要为他立一座纪念碑。他听了以后说："浪费钱财！给我这笔钱，我自己站在那里就好了！"

罗西尼本来就不同意朋友的做法，但他并没有正面拒绝，反而提出一个不合理的想法，含蓄地指出朋友的做法太奢侈了，点明了这种做法的不合理性。拒绝是需要讲究技巧的，尤其是语言上的诀窍之处，只有掌握了这些技巧，才既不得罪人，又能让别人欣然接受。

1. 委婉暗示

有时候面对下属提出的建议，上司不忍拒绝，只好委婉地暗示"这个想法不错，只是目前条件还没有成熟，我觉得你应该把工作重心放在现阶段的主要工作上"。有时候，身边的同事或朋友可能会向你打听一些绝密的事情，但原则性要求你保密。你不妨采用诱导性暗示，诱导对方自我否定。比如，你可以对他说："你能保密吗？"对方肯定回答："能。"然后你再说："你能，我也能。"

2. 借助他人之口说出拒绝的话

如果自己不知道该如何拒绝，你可以借助他人之口说出拒绝的话。比如利用公司或者上司的名义进行拒绝，"前几天董事长刚宣布，不准任何顾客进仓库，我怎么能带你去呢"，或者说"这件事我做不了主，我会把你的要求向领导反映一下，好吗"。

将拒绝的理由说得有情有义

其实，中国人受传统思想影响，在说话时大多是含蓄的、委婉的，即便是在拒绝别人的时候。不过，就算我们擅长委婉说话，但在现实生活中，还是不乏一些心直口快的人，对于这种性格的人，切忌拒绝太直白，容易让对方心生怨恨。拒绝是一种艺术，既能巧妙达到拒绝的目的，又不至于让对方心里产生不快的情绪，这才是高明的拒绝。通常而言，太过直白的拒绝往往是伤人的，不仅严重打击对方的积极性，而且还会令对方心生怨恨。拒绝，意味着否定了他人的意愿或行为，但太过直接，就会伤害到对方的自尊心。

张大千留有一把长胡子，在一次吃饭时，一位朋友以他的长胡子为理由，连续不断地开玩笑，甚至拿他消遣。

可是，张大千却不恼怒，而是不慌不忙地说："我也奉献给诸位一个有关胡子的故事。刘备在关羽、张飞两弟亡故后，特意兴师伐吴为兄弟报仇。关羽之子关兴与张飞之子张苞报仇心切，争做先锋。为公平起见，刘备说：'你们分别讲述父亲的战功，谁讲得多，谁就当先锋。'张苞抢先发话说：'先父喝断长板桥，夜战马超，智取瓦口，义释严颜。'关兴口吃，但也不甘落后，说：'先父须长数尺，献帝当面称为美髯公，所以先锋一职理应归我。'这时，关

公立于云端,听完忍不住大骂道:'不肖子,为父当年斩颜良,诛文丑,过五关,斩六将,单刀赴会,这些光荣的战绩都不讲,光讲你老子的一口胡子又有何用?'"

听完张大千所讲述的这个故事,众人哑口,从此再也不谈胡子的话题了。

拒绝是一门艺术,它最忌直接,而拒绝的最高境界是让你和对方都不至于陷入尴尬的境地。朋友以张大千的胡子开玩笑,甚至有些过分,张大千想制止对方,如果轻描淡写的话,恐怕对方会不以为然;声色俱厉,又怕伤了朋友之间的和气。张大千这样一说,委婉地告诉对方,你们拿我的胡子开玩笑,我已经忍了这么长时间了,再这样下去,我可就不高兴了。意思传达了,大家自然知趣,也就不再提这个话题了。

1. 委婉的拒绝更适用

我们不建议用直接的拒绝方式,比如,这两种拒绝方式:"我不吃日本料理""附近还有其他特色餐厅吗?我不太习惯吃日本料理"。前一种更像是把一句带着刺的话语插进对方心里,典型的自我中心践踏了别人的一番好意;而后一种则委婉地表达了自己的想法,别人更容易接受。当我们开始说"不"的时候,态度必须是委婉而又坚定的。委婉地拒绝比直接说"不"更容易让人接受。比如,当同事提出的要求不合公司部门规定的时候,你可以委婉地告诉对方你的权限,自己真的是爱莫能助,如果耽误了工作,会对公司与自己不利。

2. 拒绝的艺术

在日常生活中,我们需要拒绝,也要发挥女性特有的魅力,也就是需要说"不会让对方伤心的拒绝话",艺术的拒绝方式不会让对方感到受伤害,反而会理解你的处境。当别人对你有所求而你又办不到的时候,你不得不说"不"。当然,拒绝并不是以伤害他人为目的,而是以和为贵,尽可能在不

第13章 大胆说"不",别不好意思拒绝他人

影响两人关系的前提之下进行。虽然拒绝是很难堪的,但在不得已的时候还是要学会拒绝,事实上,只要你能够很好地运用拒绝的艺术,它最终带来的就不是尴尬而是和气。

转移话题法是一种拒绝的艺术

人活在这个世界上,总会遇到一些这样的情况:自己的同窗好友或者同事,相处的时间长了,就会找自己帮忙。如果自己可以做到那么应该尽全力去做,假如对方所提出的某些要求过分,自己办不到,或者说不是我们个人能力所及,那就需要拒绝别人,而不是硬撑。生活中总是有很多人在面对诸如此类的问题时感到很困惑,不知道该怎么办,明明知道这些事情办不好,但又害怕伤害了彼此之间的友谊,于是勉强答应下来。那么,如何拒绝才能不伤害对方呢?最有效的办法就是给对方一个台阶下,以此维护好对方的面子,所以,我们在说"不"之前,要让对方了解你之所以拒绝的苦衷和歉意,拒绝的语言要诚恳,更要温和。当对方向你提出要求时,他们心中通常也有些困扰或担忧,所以,你在拒绝之前应该学会倾听。对方把需要与处境讲清楚一些,你才知道该如何帮他,而且,倾听能让对方有被尊重的感觉。当你在婉转地拒绝时,也能避免伤害对方。

"不论什么事情只要交给小安,我就放心了。"小安进入公司两年,这是领导经常挂在嘴边的一句话。刚开始小安很高兴,但时间一天天过去了,领导交给自己的工作任务越来越多,小安经常听到这样的吩咐:"小安,这个方案你负责一下""小安,这个客户你去接待一下""小安,这个项目人手不够,你也参与进来"。

小安手里的事情多得做不完,但身边的同事却有时间发呆,薪水并不比

自己少多少。小安心想，也许自己再忍忍就会有升职加薪的机会。但是，每次到了升职加薪的时候，那机会总是轮不到小安。后来，小安从人事部的老同事嘴里得知，关于自己升职的事情，中层主管已经讨论过很多次了，每次都被领导否决了，说小安虽然业务能力不错，但管理能力不足，需要再锻炼锻炼。这时老同事就会说："你想想，如果你升职了，他上哪儿去找这么任劳任怨的下属呢？"

小安觉得，自己一定要想办法拒绝领导了，可是，该如何拒绝呢？这天，领导又开始吩咐："小安，下班后先别急着走，有一个案子还需要你负责一下。"小安脱口而出："不好意思，领导，今天我妈妈从老家过来了，就是五点半的火车，我得去接一下。您也知道，老年人嘛，手脚不太方便，我可不放心她被那些身强力壮的人挤来挤去，而且我妈妈也不认识路，我必须去接她。"领导似乎很理解，挥挥手，说道："行，那你早点回去吧，案子的事情我让别的同事负责。"

在案例中，小安找一个老掉牙的理由——接人，虽然，这算是一个好"台阶"，暂时不会被领导看出来，但下一次再被领导要求"加班"怎么办呢？如果领导意识到自己被下属欺骗了，那结果会更糟糕。因此，作为下属，一定要在拒绝领导时，找一个最恰当的理由，给领导一个更好的台阶下。

1. 找个好理由给对方台阶下

其实，拒绝时给对方一个台阶下，也就是说我们需要找个好理由。通常我们在拒绝时都会阐述一些理由，而这些理由是充分而合理的，否则对方会感觉你不真诚。所以，在拒绝对方之前，需要给自己找好理由。一方面，如果没有找好理由就拒绝，明显会表现得"支支吾吾"；另一方面，若是随便找理由，不足以让对方理解，最终有可能会导致双方关系破裂。当然，在拒绝过程中，要开诚布公，明确说出自己的理由。如果你在已经找好理由的情况下，还是采取模棱两可的说法，就会使对方弄不清你的真正意思，而产生一些不必要的误

第 13 章　大胆说"不"，别不好意思拒绝他人

会，这也很容易导致两人关系破裂。

2. 照顾其心理

当然，给对方一个台阶下，其隐含的意思是需要照顾其心理，拒绝尽量在不伤害对方的前提下进行。所以，当我们拒绝的时候，不要只针对一个人，比如，面对推销员上门推销，你可以这样说："我们公司已经与某某公司签订了长期供给合同，公司里规定不用其他公司的原料，我也是按规矩办事"。由于你说的是以公司为单位，并不是针对他这个人，他不会埋怨你，毕竟他没受到什么伤害。

用"戴高帽"方式达到拒绝目的

有时候，我们用"戴高帽"的方式，可以达到巧妙拒绝对方的目的。通常情况下，一个人被拒绝之后，心里会产生落差，他会觉得言语或行为遭受了否定，甚至会有一种被遗弃的感觉。这时，他急需要一种愉悦的情绪来填补内心的落差，如果你在拒绝对方之时，再加上几句赞美的话语，那将是非常完美的。在这个世界上，每个人都渴望受到他人的赞同与认定，即便自己的某些要求被否决了，但自己的另外一些方面受到了别人的赞美，那何尝不是遭受拒绝之后的一种补偿呢？在生活中，虽然我们都知道拒绝是应该的行为，但我们又害怕拒绝别人，也害怕被人拒绝，无论处于哪一方，都将遭受消极情绪的折磨。在这样的情况下，为什么不能将拒绝变换一种方式呢？就好像本来一个平常无奇的三明治，突然中间加了许多美味的蔬菜，那该是多么大的惊喜！所以，在拒绝对方的时候，我们要善于采用抬高对方的方式。

赢在自信

　　早上，熬了一个通宵的王女士还没起床，就被一阵敲门声吵醒了。她很不耐烦地起床，胡乱穿了一件睡衣就开了门，只见门外站着一个十七八岁的女孩子，正犹豫着要不要继续敲门呢。王女士上下打量了对方一番，发现这个女孩子穿着随意的T恤和牛仔裤，手提一个袋子，袋子封面上有"某某化妆品"的字样，一看这架势，应该是上门推销的。

　　王女士有些不耐烦："大清早的，怎么就上门推销东西了？"那女孩子态度很谦和："不好意思，姐姐，打扰你了，我是某某公司……""姐姐？"王女士看着邋遢的自己，好像还把自己看年轻了，那女孩子谦逊的态度，让王女士不好拒绝，但是她平时最讨厌这种上门推销的业务员，她一边听那女孩子推销产品，一边思考怎么拒绝她。

　　不一会儿，那女孩子就介绍完了产品，然后试探性问："姐姐，你平时用化妆品吗？"果然，马上就转到正题了，王女士摇摇头说："我白天晚上这样忙，哪里有时间去护肤呢？不过，说实在的，我可是很羡慕像你这样年纪的女孩子，皮肤好，身材好，那可是我做梦都想回去的年纪，可惜已经回不去了。"女孩子害羞得红了脸，说道："其实，姐姐看起来也很年轻的。"王女士笑了笑，说道："像你这样的女孩子就是好，我的女儿也和你这般年纪，正在上大学，青春真是无限好，如果我女儿在家就好了，估计她会对你的化妆品感兴趣，可是怎么办呢？现在我的女儿不在家，像我这样的老太婆，已经用不着了，下次我女儿回来了，一定欢迎你上门推销，好吗？"没想到这样一说，那女孩子一点也不泄气，反而很有礼貌地说："不好意思，姐姐，打扰你了，再见！"说完，就告辞了。

　　在案例中，王女士本想拒绝上门推销化妆品的女孩子，但看着对方谦和的态度，又不忍心拒绝，怎样拒绝才不至于让对方难以接受呢？她打量了那个女孩子以后，发现对方跟自己女儿差不多，于是，她先是赞赏了对方值得羡慕的年纪，这样"戴高帽"立即给对方带来好心情，然后再适时拒绝，这样的方式也就令对方很容易接受了。

第13章 大胆说"不",别不好意思拒绝他人

1. 让对方产生优越的感觉

"戴高帽",其实就是赞美,或者说夸赞,将别人的地位无形之中抬高,让他产生一种优越的感觉,从而有效地弥补其遭受拒绝之后的心理落差。

2. 人其实是容易满足的

人总是这样,当他重新拾回了一个苹果,即便他已经丢失了一个橘子,但他内心还是非常愉悦,他们总是着眼于眼前的东西,对于那些丢失的或者得不到的,他们总是容易满足的。因此,当我们不得不对他人所提出的要求拒绝的时候,若适时说几句好话,定会给对方意想不到的惊喜。

用时间拖延法来拒绝小人的请求

在生活中,有时候明知道自己所拒绝的对象是死缠烂打的人,却无可奈何,我们只能以时间拖延法来拒绝,而不宜采用激烈的直接拒绝法。虽然,我们内心对这样的人深恶痛绝,恨不得与之划清界限,远远避开。但是,对于那些死缠烂打的人,一味地躲避并不是明智之举,与其发生激烈的争执,那更是下下之策。本来,他们的心胸就比较狭窄,他们的心思更是猜不透,如果你直接拒绝,或者以不屑的态度拒绝其要求,估计就在那一刻,他已经将你划分为敌人,并将你列为自己的报复对象。假如他们是小人,那更可怕了。众所周知,小人的手段是变化多端的,他们不仅懂得隐藏自己,而且善于使手段、耍心眼,因而他们向上发展的机会多多,很有可能成为高级领导身边的红人。纵观历史,诸如魏忠贤一类的小人,那都曾有过名利双收的风光。试想,如果你曾拒绝过

的小人，有朝一日爬到了你的头上，那你将成为第一个被他打击的对象。所以，对于那些死缠烂打的小人，我们不能直接拒绝，更不能与之产生矛盾，而是采取时间拖延法。

拒绝死缠烂打的小人，最智慧的方式就是用时间拖延。如果你马上拒绝，定然会得罪他们，他们本身就是无孔不入、驱之不去、阴魂不散、破坏正常人际交往的受人鄙视的团体，如果你得罪了这样的人，后果可想而知。一般而言，他们都是独来独往的，因为他们的所作所为使得他们在人际交往中处处碰壁。没有谁去认同他们，更没有人愿意与他们交朋友，他们甚至成了"过街的老鼠，人人喊打"。他们自然明白自己的处境，于是他们对谁都充满了恨意。

唐朝的时候，有一个人叫卢杞，跟郭子仪同朝。卢杞尚未得志时，郭子仪已经出将入相，很是风光。他对所有的公卿大臣都很随便，唯独对卢杞礼数周到。若遇卢杞来访，他会让家人全撤到后面，自己整整齐齐穿好朝服，迎接卢杞。接待中，他也表现得谦恭有礼。家里人十分不解，一个芝麻大的官，郭子仪为何要如此礼遇？为什么不拒绝接见呢？

对于家里人的疑虑，郭子仪说："这人心术不正但很聪明，又会巴结，迟早有得意之日。我现在只是慢慢敷衍他，以时间拖延他，若是现在得罪了他，他定会怀恨在心伺机报复。宁可得罪君子，也不可得罪小人啊！"

果然，卢杞后来官至宰相，朝廷中凡是触犯过或拒绝过他的官员，都被他想方设法地报复了。郭子仪不曾得罪过他，最终得以自保。

在案例中，郭子仪对待小人卢杞的态度，很值得我们借鉴。虽然，他不曾与这样的小人相勾结，但他不愿意得罪这样的小人，他深知这样心术不正却又聪明的人，一旦得势了，自己将会成为被报复的对象。既然他要与自己来往，那自己也不好拒绝，就采用时间拖延法，逐渐与之周旋，以缓和小人的心境。果然，卢杞后来在朝中为官，那些曾拒绝过他的官员都被他想方设法报复了。唯独郭子仪，因为他采用了时间拖延法，所以得以自保。

第13章 大胆说"不",别不好意思拒绝他人

1. 以时间拖延,不得罪小人

有句话叫作"宁可得罪君子,不愿得罪小人"。因为小人的言行举止是不受道德规范约束的,他们做什么事情都是不讲游戏规则的。即便君子也不愿意与小人斗,更别说我们了。习惯于死缠烂打的小人从来不讲信用,不重承诺,从来不按游戏规则出牌,他们往往为了达到目标而不惜一切手段。所以,我们在与小人相处的时候,不能掉以轻心,哪怕对方所提出的要求我们无法满足,也不要直言拒绝,而应表现出自己应有的"尊重",尽量以时间拖延,让小人慢慢接受被拒绝的过程,这样对他而言,会轻松很多,而且,他也不会对拒绝自己的一方产生怨恨。

2. 小心翼翼拒绝

当我们遇到死缠烂打的小人,应该小心翼翼,与之"打打太极",以时间为借口,诸如"下次,下次我一定会好好考虑的""最近时间有点忙,下次吧",这样慢慢拖延,实际上也是在尽量缓和与小人之间的关系。

第14章
大声说出你的"谢谢"，
感恩他人没什么不好意思

曾经，有一位诗人这样写道："晨曦中，万物苏醒的新鲜气息；朝露下，鲜花摇曳的美丽身姿；寒风里，洁白雪花的曼妙舞蹈。三五知己好友，一份挚爱真情。日升日落，云聚云散，鸟语呢喃，花香阵阵，每一天，从睡梦中醒来，我都会感谢上苍的眷顾。让我享受如此美妙的人生。"

第 14 章　大声说出你的"谢谢",感恩他人没什么不好意思

向那些折磨你的人说声"谢谢"

智者说:"只有把抱怨别人和环境的心境,化为上进的力量才是成功的保证。"在生活中,对于那些看似刁难自己、折磨自己的人,有那么一瞬间,我们心中是满怀怨恨的,憎恨他们对自己的残酷。可是,在以后的日子中,我们往往会发现,那些看似折磨我们的人往往能够促进我们更快赢得成功。因为那看似折磨、煎熬自己的环境,总能历练出真正的强者。尤其对于年轻人来说,当你没能扼住命运的咽喉,却又不愿被命运主宰自己的一切的时候,应该懂得忍耐,因为每一次折磨与煎熬都是上天的一次考验,而那些折磨你的人才是真正引导你走向成功的人。所以,面对那些折磨自己的人、煎熬的环境,不要抱怨,懂得忍耐,懂得感恩,感谢那些折磨你的人。

小王刚刚大学毕业,心高气傲的他进了一家石油公司。上班第一天,上司就吩咐他在限定的时间内登上几十米高的钻井架,将一个包装好的盒子送给最上层的主管。小王拿着盒子,爬着又高又窄的旋梯,当他气喘吁吁地登上高层,将盒子交给那位主管后,只见那位主管仅仅在盒子上签了个名,然后又吩咐他送回给上司。小王接到了命令,急急忙忙又下了旋梯,将盒子交给上司,没想到,上司签了个名字之后又要求将其送还给主管。小王憋住了心中的怒火,还是乖乖将盒子送给了主管,令他更窝火的是,主管又吩咐他将盒子送还上司。

小王就这样来来回回爬了好几次,心想:这根本就是主管和上司在故意折磨我。他看到自己的衣服已经被汗水浸湿了,内心也燃起了熊熊怒火,不过,他强忍着怒气。主管看着这位年轻人,吩咐他:"把它打开。"小王将盒子打开后,发现里面居然放着一罐咖啡和一罐奶精,他心中更加肯定上司们就是在

赢在自信

故意折磨自己。

这时,主管吩咐他:"去冲杯咖啡吧!"小王再也忍不住了,他用力将盒子摔在海面上,生气地说:"我不干了。"发泄完了,他感觉浑身有种说不出的痛苦感。主管看起来很失望,他对小王说:"年轻人,你知道刚刚这一切,其实是一种训练啊!那叫作承受极限的训练,因为我们每天都在海上作业,随时都可能遇到危险,因此,工作人员必须有极强的承受力,才有能力完成海上的作业与任务。"说完,主管叹息着:"唉!原本你前面几次都通过了,就差那么一点点,你无缘喝到自己冲泡的好咖啡,真是可惜!现在,你可以走了。"

在小王看来,主管和上司都在折磨自己,这些看似无端的行为让小王很生气,忍无可忍,他心中充满了对折磨自己的人的怨恨。可是,这样的愤怒一旦发泄之后,小王也失去了工作的机会。最后,小王才明白,那看似折磨的过程,其实就是承受极限的训练,通过这样的训练来练就极强的承受力,而这正是工作环境所必需的一种能力。那看似折磨的行为,原来就是一次次历练的过程,可小王却在怒气中丧失了这一难得的机会。

1. 折磨就是一种自我的磨炼

学会感谢那些折磨自己的人吧,没有了他们,就没有我们成功的人生。也许,对于每一个人来说,折磨的过程是辛苦的,不仅仅是外在的折磨,还有内心的煎熬,或许,在那一刻我们心中是充满抱怨与仇恨的,对那些折磨自己的人充满了恨意。但是,随着时间的流逝,我们会发现,正是那些看似折磨自己的人,才促进了自己的成长。所以,放下心中的抱怨,将怨恨化为感激,让自己多一个良师益友,这样,与他人的关系将会更加和谐。

2. 百炼成钢

苏轼在《留侯论》中说:"古之所谓豪杰之士者,必有过人之节,人情有所不能忍者。匹夫见辱,拔剑而起,挺身而斗,此不足为勇也。天下有大勇者,

第14章 大声说出你的"谢谢",感恩他人没什么不好意思

卒然临之而不惊,无故加之而不怒,此其有所挟持者甚大,而其志甚远也。"有人或许会觉得奇怪,对于那些折磨自己的人,似乎怨恨还不够发泄心中的怒气,怎么会感谢呢?因为折磨,可以磨平自身的锐气,雕琢出自身的勇气,俗话说:"百炼成钢。"经过了千锤百炼,那把锐利的刀才能被炼成。人只有经历了无数次的折磨,方能成就自我。

谢谢,那些给过自己伤害的人

在生活中,我们都曾难以避免受过他人有意或无意、或大或小的伤害,有可能是蔑视,有可能是恶意中伤,有可能是背叛,有可能是抛弃……那些伤害过自己的人,曾经给自己带来了多少的痛苦、无助、挣扎和泪水,或许,直到今天,我们的心中仍残存着怨恨;或者,在我们身上已经结了一层厚厚的茧,隔绝外界的侵入,尽可能让自己不再受到伤害;或者,我们已经走出了伤害的阴霾,放下了情感的枷锁,内心对那些伤害过自己的人充满感激,没有他们,就没有自己的成长。那么,面对曾经伤害过我们的人,我们到底该以何种态度面对呢?如果是怨恨,那么,我们的余生将在充满仇恨的情感中度过;如果是感激,那么,我们将更快地成长,在以后的道路中,我们将更加懂得珍惜身边的人。所以,感谢那些曾伤害过自己的人吧!因为是他们,让我们重新站了起来。

1984年,导演杨德昌邀请蔡琴加入电影《青梅竹马》,然而,正是这个男人,后来却成了蔡琴心中永远的痛。

在相处的日子里,杨德昌很快就俘获了蔡琴的芳心。后来,杨德昌提出了"我们应该保持柏拉图式的交流,不让这份感情掺入任何杂质",尽管如此,深爱他的蔡琴还是同意了这桩婚约。婚后,蔡琴尽自己所能来帮助杨德昌,很

快,他开始声名鹊起,在事业上获得了成功。在1995年,事业成功的杨德昌却向蔡琴摊牌:自己有了外遇。于是,两人10年的无性婚姻宣告结束了。当时,杨德昌这样总结这段感情:"10年感情,一片空白。"可蔡琴却说:"我不觉得是空白,我是在全部付出。"

走出伤痛阴霾的蔡琴说:"这辈子我不会再给任何男人当太太了。"从话语间,似乎还隐见当初的伤痛。后来,蔡琴在事业上发展得相当顺利,或许,回想起过往的那段记忆,她的心中感激多过怨恨,她曾说:"谢谢他离开了我,给了我浴火重生的机会。"后来,杨德昌因病辞世,作为前妻的蔡琴写了一封致媒体的公开信:"我感谢主,在他生命结束前,是与他的最爱在一起,我抬起不停涌上泪水的眼睛,坚定地告诉上帝:我可以站起来!我深深地感谢上帝,让我与他轰轰烈烈地爱过;我安静地、肯定地用手抚摸着夹在圣经中的小十字架;闭上眼,再感受一次这曾经的爱情……一次比一次平静、勇敢。"她真的放下了,而在她心中多了一份感激之情。

如果没有那些伤害,那么,至今仍在温室里的花朵,就会缺乏对未来苦难的承受力。感谢那些曾伤害过自己的人,或许是有意,或许是无意,都让我们打破了幻想,认清了现实,从而让自己变得更坚强,更成熟。因为经历过伤害的我们,不再畏惧未来的磨难,懂得感恩,更好地学会了享受生活的乐趣,在以后的日子里,我们知道如何分辨和珍惜那些真爱我们的人,感谢那些伤害过你的人。

1. 因为伤害才会成长

感谢斥责你的人,因为他提醒了你的缺点;感谢抛弃你的人,因为他,你学会了独立;感谢欺骗你的人,因为他,你多了一份智慧;感谢鞭打你的人,因为他,你有了更强的斗志;感谢绊倒你的人,因为他,你的脚步变得更加坚定。所以,感谢那些曾伤害过自己的人,如果想要自己变得坚强,就要学会笑对他们,只有这样,我们才有机会超越自己,才能真正地变得成熟、勇敢。

第 14 章　大声说出你的"谢谢"，感恩他人没什么不好意思

2.因为伤害过，才会过得更好

回忆起十多年前的痛楚，刘嘉玲仍心怀感激，甚至，对挟持自己的歹徒也是心怀感激。她说："他们完全没有侵犯我，他们只不过是奉命行事而已，我在心中连他们也感谢。"虽然，那件尘封已久的往事给她带来了莫大的伤害，但是，她从中却学会了感恩。她这样回忆着当年："我一直有自卑感，觉得大家视我为大陆妹，直到那次事件，所有演艺界的人都站出来支持我，香港人都来支持我，是我意料不到的，我要感谢所有的人，真的，我十分感动。"哲人说："当我们拿花给别人时，首先闻到花香的是我们自己；当我们抓起泥巴抛向别人时，首先弄脏的却是我们自己的手。"感谢那些曾经伤害过自己的人，因为他们，我们现在过得更好。

爱人也要言谢，感谢对方的陪伴

每当一对相爱的人相拥走进婚姻的殿堂，他们都会被问到这样的问题："你是否愿意这个男子（女子）成为你的丈夫（妻子）与他缔结婚约？无论疾病还是健康，或任何其他理由，都爱他，照顾他，尊重他，接纳他，永远对他忠贞不渝直至生命的尽头？"答案当然是："我愿意。"甚至，他们还在上帝面前发誓："我以上帝的名义，郑重发誓：接受你成为我的丈夫（妻子），从今日起，不论祸福、贵贱，疾病还是健康，都爱你，珍视你，直至死亡。"或许，我们不知道永远到底有多远，但是，直到生命的尽头，我们依然坚守着这个神圣的约定。在生活中，有多少爱人能穷其一生来坚守这个约定？因此，我们需要感谢，感谢那个一直陪伴在我们身边的爱人。

1. 需要感谢的东西太多了

有人或许会疑惑：爱人，有什么好感谢的呢？其实，如果我们仔细想想，需要感谢的人实在太多了。年轻的时候，纵然自己很优秀，可是，比你优秀的人更多，那么是爱人慧眼识人，选择了与你相伴一生，所以，感谢他（她）吧；成功的时候，虽然拥有无数的鲜花和掌声，可是，陪伴自己走过艰难岁月的却只有他（她），所以，感谢他（她）吧；失败的时候，所有的人都离你而去，只有他（她）不离不弃，始终陪伴在你身边，所以，感谢他（她）吧；忙碌时有他（她）的帮助，痛苦时有他（她）的分担，快乐时有他（她）的分享，一起浅尝人生的酸甜苦辣，甚至，为了你，他（她）宁愿舍弃更好的生活。那么，面对这样一个不离不弃，始终陪在你身边的人，心中怎会不感谢呢？

2. 大声将"感谢"说出来

在生活中，不要总是觉得所有的事情都理所当然，包括爱人对自己无私的付出，对整个家庭的默默付出。感恩不仅在心里，同时，我们也要善于将自己的感激说出来：感谢爱人，因为他（她）们，我们摆脱了忧虑；感谢爱人，因为他（她）们，我们真切地感受到了幸福的滋味；感谢爱人，因为他（她）们，我们才会飞得更高更远。也许，对于我们来说，需要感谢的人太多太多，但是，我们一刻都不能忘记：感谢陪伴自己一生的爱人！

感恩可爱的孩子们

在生活中，我们常常会感谢父母、感谢爱人、感谢朋友，或许，还有许多需要我们感谢的人，但是，我们往往忽视了一个重要的对象，那就是活

第14章 大声说出你的"谢谢",感恩他人没什么不好意思

跃在我们身边的——孩子。孩子是父母生命的延续,虽然,孩子的生命是父母赋予的,但是,随着孩子的到来,作为父母,也从中感受到了诸多的快乐与幸福。"感谢你们,可爱的孩子们",这应该是每一位父母对孩子说的一句话,虽然,我们不能具体地表达你所要感谢的是什么,但是,对每一位父母来说,有太多的事情需要感谢自己的孩子,孩子带给自己的是太多的感动和欢乐,与孩子一起成长是每一位父母感到最幸福的事情。所以,父母应该感谢孩子,感谢孩子给自己生命的延续,感谢孩子给生活带来了快乐和感动。

每一个孩子孕育的过程,那本身就是爱的洋溢,从怀孕开始到孩子出生,然后,孩子会哭、会笑、会翻身、会坐、会站、会走、会说话,孩子第一次用稚嫩的声音喊着:"爸爸、妈妈。"或许,那一刻,你的心里凝结了所有的爱和感动。在我们的生命里,许多人会出现,许多人会离开,可是,孩子却是陪伴我们走到生命尽头的人。看着孩子们出生,孩子们看着我们苍老,这是一种怎样的延续。

一位母亲写了这样一篇文章:感谢孩子。

我在报纸上常看到这样的话:"对孩子的爱是最不对等的,因为得不到回报。"可是,我想说,感谢孩子,因为有了孩子,我才能成为一个母亲;因为有了孩子,我才知道怎样做母亲,我的人生因为孩子而变得更加丰满。

我要感谢孩子,我可爱的孩子,我想告诉你,从你出生的那天起,我的生命就揭开了崭新的一页,责任感更强了,行动也不再那么随意了。每天,我都感受到一种新的信念和爱,这样的爱会慢慢上升为对他人的爱,对这个社会的爱。在那段日子里,以前冷漠的我变得热心肠起来,身边的人都发现了我的变化,我自己很清楚,这一切都是源于你——孩子,所以,我要感谢你,我的孩子!

你刚出生的几个月,我很忙碌,也许,我刚洗好你的衣服,你又把排泄物弄了一身,被子、衣服又脏了。我脾气很坏,向你吼道:"打你这个坏孩子。"没想到,你不仅没有哭泣,反而咧开嘴笑了起来,望着你灿烂的笑容,我有点

不好意思,是的,孩子并没有错,以后你还会摔跤、打破东西,还会搞这样或那样的破坏,这是每一个孩子成长的必然过程。从这时开始,我明白了,要想你成为一个健康、活泼的好孩子,我首先应该学会做一个好母亲。感谢你,因为你,我体会到了做母亲的辛苦;因为你,我更体会到了做母亲的幸福与快乐。

作为母亲,我见证你的无数个第一次:第一次笑、第一次哭、第一次走路、第一次说话,当你用模糊不清的声音喊道:"妈妈,妈妈!"那一瞬间,我的心快被融化了,所有的辛苦和劳累都已经抛到了脑后,只要有你在身边,我就感觉到幸福。所以,感谢你,让妈妈感受到了久违的幸福与快乐。感谢孩子,作为母亲,还需要感谢所有的孩子们。作为母亲,我并不是仅仅付出,更重要的是我在你们身上发现了如阳光般美好的东西,那些东西是一个人生命中最本质的。

在生活中,许多父母习惯于要求孩子感谢父母,当然,父母的爱是无以回报的,孩子应该拥有一颗感恩的心。但是,父母教给孩子人生最生动的一堂课是:感谢孩子。通过"感谢孩子"让他们意识到自己应该做一个感恩的人,身教重于言教,当你向孩子表达了自己的感激之情,相信你会在孩子心中种下一粒感恩的种子,随着时间的流逝,它们会开花,慢慢结出丰硕的果实。

1. 谢谢孩子带来的赤子之情

感谢孩子,不仅仅是心中的那份感动与爱,还有孩子的无忌、坦率和豁然,因为对于我们成年人来说,在无数次历练中,我们已经失去了久违的天真与童真,而通过孩子,那份赤子之情又重新被唤醒。那么,就让我们把所有的感谢汇成一句话:感谢你,孩子!

2. 感谢孩子唤醒我们心中的爱与感动

孩子从出生到成长,我们会不由得感叹生命的神奇和伟大,同时,孩子的出现唤醒了潜藏在内心的爱与感动。对于父母来说,没有孩子就没有春天,可能,

第14章 大声说出你的"谢谢",感恩他人没什么不好意思

在尚未做父母之前,我们不懂关爱,没有耐心,脾气火暴,可是,做了父母之后,孩子让我们把一切不好的习性都化作了爱。所以,感谢孩子,感谢他们明亮的眼睛,感谢他们清澈的心灵,感谢他们赐予你更多生命本色的东西。

感谢恩师,授予你知识

"静静的深夜群星在闪耀,老师的房间彻夜明亮,每当我轻轻走过您窗前,明亮的灯光照耀我心房,每当想起您,敬爱的好老师,一阵阵暖流心中激荡……"当熟悉的歌声响起时,我们又一次想起那些可亲可敬的老师,是他们引导着我们走向今天,是他们为我们指引着前方的路。是的,每一位学生都应该饱含深情地向老师鞠躬,道一声:"谢谢您,老师!"没有阳光,万物就不能生长;没有雨露,百花就不能散发出芳香;没有老师的教诲,就没有我们的进步和成长。老师似蜡烛,总是默默地燃烧着自己,为我们在茫茫学海里指明方向;老师似小草,朴实无华,却总是默默地奉献出自己的那份绿;老师似太阳,让每一颗种子萌发出自己的生命。父母给予了我们生命,老师却让我们的生命绽放出更多的光芒。曾经,我们只是无知的孩童,在老师的教诲下,我们成了最优秀的学生,可这其中却凝聚了老师太多的心血和汗水。所以,深深地感谢您,老师!

许多年前,曾流行着这样一句话:"读到中学,就会忘记小学教师;读到大学,就会忘记中学教师;当走上工作岗位之后,就会忘记所有的教师。"岁月,让我们历尽了人间的冷暖,但是,我们依然忘不了当初指引着自己走向人生之路的恩师。其实,在我们每个人的成长路上,除了父母,最重要的就是自己的老师了,他是我们人生道路上另一位贵人。所以,无论何时何地,无论自己取得了怎样的成就,我们都应该感谢他们:老师!

公元前521年的春天,孔子徒步前往守藏史府去拜望老子。正在书写《道

德经》的老子听说誉满天下的孔丘前来求教，赶忙放下手中刀笔，整顿衣冠出迎。孔子看见大门里出来一位年逾古稀、精神矍铄的老人，心想这就是老子，急忙向前，恭恭敬敬地向老子行了弟子礼。进入大厅后，孔子拜了之后再落座，老子问孔子："为何事而来？"孔子离座回答："我学识浅薄，对古代的'礼制'一无所知，特地向老师请教。"老子见孔子这样诚恳，便详细地表述了自己的见解。

回到鲁国后，孔子的学生们请求他讲解老子的学识。孔子说："老子博古通今，通礼乐之源，明道德之归，确实是我的好老师。"话语中流露出敬佩之意，他说："鸟儿，我知道它能飞；鱼儿，我知道它能游；野兽，我知道它能跑。善跑的野兽我可以结网来逮住它，会游的鱼儿我可以用丝条缚在鱼钩来钓到它，高飞的鸟儿我可以用弓箭把它射下来。至于龙，我却不能够知道它是如何乘风云而上天的。老子，其犹龙耶！"

杜甫说："好雨知时节，当春乃发生；随风潜入夜，润物细无声。"老师就是这样的人，总是默默地、无私地奉献着。因为老师，我们开始有了梦想，学会感谢老师，因为他给予了我们生命的意义。在我们每个人的一生中，有许许多多的老师，有的是自己的启蒙老师，有的是授业的恩师，因为有了他们，我们走出了困惑，从中学到了许多为人处世的道理，领悟了生命的意义。

人们常说："教师是人类灵魂的工程师。"是的，在人生路上，有了老师的教导，我们就不会迷失方向；有了老师的注目，我们变得更加自信，才会勇敢地走向远方。所以，我们应该感谢老师。当然，感谢老师，不仅仅是挂在嘴边，而且，还要将感激之情融入自己的行动中。

第16章
有爱就要说出来，
别不好意思表达

　　爱，想必没有哪个人不懂这个字的含义。但是，在现实生活中，多少人又是"爱在心中口难开"呢？中国人历来保持着传统的思想，总认为父母爱子女，姐姐爱妹妹，老公爱老婆等众所周知的情意，根本不需要说出来。其实，在很多时候，"爱"也是需要说出口的，别不好意思说"爱"。

 赢在自信

可怜天下父母心，别在语言上冷落父母

子曰："父母在，不远游，游必有方。"年少时不懂得这句话的含义，还私下嘲笑：为什么总是要留在父母身边？小小年纪，就开始幻想着云游四方。长大后，带着这个梦想，我们迫不及待地离开了父母，殊不知，归期不可知。再读"父母在，不远游，游必有方"，方知其中的奥秘。许多人背井离乡，远至海外，为了追求他们的梦想，追求事业有成，追求前途无量。他们总是在想：等自己有了钱一定好好地孝敬父母，买了大房子一定接父母来住，忙过了这阵子一定回家看望父母……要知道，父母不会在原地等我们。也许，等自己人生辉煌的时候，父母已经离你而去了，我们心中只会留下"子欲养而亲不待"的遗憾。正因为如此，在现实生活中，我们更要经常对父母说一些贴心的话，慰藉他们的心。

在生活中，我们往往忽视了对父母的关爱。其实，与年轻人相比，父母的孤独感更为严重，这尤其表现在空巢父母身上。有的父母虽有子女在身边，但是子女常常忙于自己的工作和生活，对父母无暇过问，这难免使得父母孤独寂寞。我们要明白，父母需要的不仅仅是物质上的给予，更需要精神上的安慰。所以，我们要关爱长辈，对父母多说几句贴心话，温暖父母的心，让父母享受到快乐和幸福。

艳丽和陈旭相爱成婚后，陈旭对她非常好，常带着她外出度周末，两个人玩得很开心。每次回到家，陈旭的父母都做好了饭菜等他们。艳丽吃饭时常常兴高采烈，把和陈旭在外面遇到的一些新鲜事情讲给他们听。陈旭的父母没有外出的机会，即使偶尔出去，也是在家附近散散步，听着艳丽讲的趣事，感觉很快乐。

然而，没过多长时间，艳丽就发现，公婆的脸上不再挂满笑容，有时对艳丽讲的事情表现得很麻木。艳丽以为公婆生病了，就仔细地询问原因。陈旭的父母原以为艳丽和陈旭只顾自己玩乐，不会关心他们，现在听到艳丽关切的话语，他们非常高兴，心里也暖暖的，就把自己参加老年健身运动的想法告诉了艳丽。

艳丽忙和陈旭商量，为公婆购买了健身服装和日常用品，看到艳丽这么尽心，陈旭的父母逢人就夸自己的儿媳好。艳丽没想到自己的举手之劳以及几句体贴的话语，竟然得到了公婆发自内心的赞扬，由衷地感到高兴。

在生活中，我们不要只顾自己寻开心，也要让父母快乐，关爱长辈，对父母说几句贴心的话语，父母的心里就会感到温暖，不再孤独。事例中的艳丽，关切地询问公婆不高兴的原因，在了解了公婆的心思后，几句贴心的话语就温暖了公婆的心。在为公婆购买了健身服装之后，公婆对她更是赞不绝口。

关爱长辈，孝敬父母，对父母说几句贴心话，不但能够温暖父母的心，而且可以使自己和长辈的关系更和谐。生活中不懂得关爱父母，只顾自己享受，和父母说话粗声大气、恶声恶语，不仅不会得到父母的喜爱，还会受到别人的指责。在生活中，我们对父母要言语柔和，在温暖父母的心的同时，也能排解父母的寂寞。特别是忙于工作的我们，在照顾好自己的同时，还要注意对父母的关爱，让父母幸福地度过晚年。

1. 对父母说"我爱你"

中国人一向羞于表达情感，即便这份感情一直存在。但是，在很多时候，假如你不说，父母怎知你的情意呢？父母从来不会埋怨任何一个子女，如同上帝不会降罪于他的子民，这是一种无私的爱。但是，千万不能因为这无私而让那份爱变得受之无愧，理所当然。在工作空闲的时候，不妨抽出时间给家里打个电话，回一趟老家或者父母所在的地方。趁着父母健在，及时行孝，对父母说："我爱你"。

2. 用温情话语为父母驱除孤独感

关爱长辈，说几句贴心话温暖父母的心，是我们关心父母、表达孝心的体现。为了使父母度过幸福的晚年，我们要考虑到父母的精神生活。除了让父母拥有足够的物质生活，还要想方设法调节父母的心情，让父母保持愉悦的心情。这就需要我们多费心思，在父母面前，多说温暖的话，了解父母的需求。而在现实生活中，我们经常会发现，一些子女为了孝敬父母，给父母购买了很多健康文化用品，这对于爱好休闲娱乐的父母来说，不啻一种幸福。但是，这些毕竟是娱乐用品，不能完全满足父母的需求。如果身边没有亲情的陪伴，父母会感觉生活中缺少些什么。所以，我们要延长和父母相处的时间，那样父母就不会感到孤独无助。

3. 与父母说话，注意语气

有些人由于自己性格倔强，脾气暴躁，和父母说话时，恶声恶语，这不仅不能让父母感觉温暖，还可能把父母气病。此时，我们再为自己的行为后悔，也是无济于事。因此，我们和父母说话要注意方式，言语不能过重，让父母难以接受，不要纵容自己在父母面前大发脾气或者对父母有意见而言语粗俗，那样就会被人认为不通情理。我们要懂得礼仪，对待为儿女操劳了一辈子的父母，说话要和气可亲，让他们感受到家庭的温暖，感受到子女的关怀。

对孩子，嘘寒问暖尽显关爱

作为抚育人，父母对孩子的心性仔细了解，说些贴合孩子心理的话，就会渐渐使孩子养成好性情，有利于孩子的健康成长。孩子的性情，会由于父母不

第15章　有爱就要说出来，别不好意思表达

同的教养方式呈现出不同的性情。良好的教养方式，能够促进孩子的健康成长和发育；拙劣的教养方式，会改变孩子的性格，使活泼可爱的孩子神情抑郁，苦闷不堪。或许，身为父母，我们都曾无数次想象孩子美好的未来及其成功的样子，但是，即便我们想得再好，却往往改变不了现实。不管怎么样，首先得让孩子成为一个有爱心的人，而这就需要父母的正确教育和引导。在生活中，对孩子要经常嘘寒问暖，尽显父母情。

我们在教养孩子时，如自己对孩子说话温柔可亲，不焦急，不暴躁，说话切合孩子的心理，孩子就会养成好秉性，表现出活泼开朗、积极向上的性情。如果不了解孩子的心理，自己的心情抑郁，沉闷不乐，不顾孩子的心理和感受，和孩子爱理不理，态度冷淡，孩子的心理就会受到打击，心情就会变得压抑，性格也会忧郁，这不利于孩子的健康成长。

小佳喜欢唱歌，在音乐课上，他优美的歌声常常得到老师的称赞和同学们的羡慕。在学校组织的音乐竞赛中，他从众多的参赛学生中脱颖而出，成为学校的小歌星。妈妈李萍看到了小佳的长处，及时对他进行鼓励，妈妈的夸奖增强了小佳的自信心。

李萍为了培养小佳的兴趣，给小佳聘请了专门的音乐老师，在学习唱歌的同时，小佳也学到了很多乐理知识，学会了唱歌的技巧和多种唱法，并能够娴熟地弹唱，形成了自己独特的演唱风格。小佳的进步让李萍看到了希望，在李萍的鼓励下，小佳踊跃报名参加市里的正式比赛，在遴选出的小童星名单中，他赫然在列。

拥有了荣誉的小佳再接再厉，开办了自己的专场音乐演唱会，赢得了音乐爱好者和有关专家的好评。看到小佳的进步，李萍感到由衷的高兴。取得名誉的小佳谦虚有礼，戒骄戒躁，不仅在音乐方面发挥了才能，也养成了良好的性情，受到了家长和老师的喜爱。

用欣赏的口气，恰到好处地多鼓励孩子，孩子受到赞赏，受到重视，就会积极上进。如果父母对孩子措辞严厉，让孩子不知所措，孩子的上进心就会遭

到打击，以致心理蒙上阴影，对自己失去信心。事例中的李萍，在看到小佳有音乐方面的才能之后，就对他进行了及时的鼓励，言语中流露出欣赏，让小佳充满信心地拥抱成功。

陈然发现儿子李允这几天忙于玩足球，连学习都不放在心上，这让她觉得很奇怪，而最令她吃惊的是，当陈然问儿子足球的来历时，儿子竟然轻松地说，是自己从学校里拿出来的。这引起了陈然的高度重视。她知道，学校的足球是不能随便带回家的。于是，她决定和陈然好好谈谈。当李允满头大汗地带着足球回到家时，陈然已等候儿子多时。

看到陈然正襟危坐的样子，李允意识到了自己的错误。他抱着足球站在那里，不知道该如何是好。陈然让李允坐下，委婉地指出了李允所犯的错误。已经意识到了自己的错误，李允向陈然坦白了自己的心思。陈然又帮助他分析了错误的原因，发现李允只是出于对足球的爱好才这样，便让他把足球归还学校。

李允听了陈然的话，非常懂事地把足球还给了学校。陈然又给李允购置了一个新足球，李允很开心，感谢妈妈对自己的理解。李允在抓好学习的同时，又提高了球技，还参加了学校的足球队，身心都得到了培养。看到李允健康成长，陈然露出了欣慰的笑容。

对待犯错的孩子，父母不能一概而论，要分析孩子犯错的原因，让孩子从思想和心理上认识到自己的错误，进而改正它。如果我们对孩子的错误不进行认真细致的分析，孩子认识不到自己的错误，就难以改正。事例中的陈然在发现孩子李允偷拿了学校的足球后，及时让其认识并改正自己的错误。为了培养李允的兴趣，陈然又给李允购置了新足球，满足了李允的兴趣爱好。

1. 说贴合孩子心理的话

了解孩子的心性，说贴合孩子心理的话，是培养孩子，塑造孩子性格的良好途径。对孩子的心性不了解，不明白孩子的优劣点，说话不符合孩子的心理，

第15章 有爱就要说出来，别不好意思表达

孩子就难以接受，难以明白。这样父母和孩子沟通起来就非常困难。只有了解孩子的心性，说贴合孩子心理的话，父母才能成功地与孩子进行无障碍的交流，倾听孩子的心声，培养孩子的兴趣，让孩子健康地成长。

2. 对孩子多说鼓励欣赏的话语

孩子有着强烈的好胜心，总想做出一些不平凡的事情，但是因为自己的年龄或能力有限，结果往往事与愿违。有的孩子会因为一时失利而对自己失望。作为孩子的父母，我们要对孩子及时鼓励，不要因为孩子一时失败就对孩子严厉斥责。要让孩子树立信心，勇于尝试新事物。对于孩子的进步，要进行及时的鼓励，用欣赏的口气，恰到好处地多鼓励孩子，使他拥有强烈的自信心。

3. 孩子犯错了，也要温和教育

孩子犯错，究其原因，不外乎两种：一是因为自己没有经验，能力达不到，而犯错误；二是明知故犯，已经知晓事情的结果，故意犯错，做事时发怒气，泄私愤，对别人进行打击报复。对待犯错的孩子，父母不应该视若不见，要及时提醒孩子，不要再犯同样的错误或无意义的错误，应该让孩子在错误中获益，让孩子明白知错必改的道理。

甜言蜜语，爱他就大声说出来

女人似水，用自己的柔情温暖着男人、滋润着男人的心田。女人的话语，如蜜露，如甘甜，让男人感受着恋爱的甜蜜，婚姻生活的温馨。然而，婚恋中的女人受不得一点委屈，心里稍有不顺，眼泪就如泉水般涌出。男人最害怕女

人的泪水，面对流泪的女人，男人会束手无策，聪明的男人，不会让自己心爱的女人流泪。那些让女人流泪的男人，不会感受到女人的甜言蜜语，他的婚恋生活也会变得悲苦。为了婚恋的幸福，女人要让男人感受生活的温馨，用自己的甜言蜜语去抚慰男人的心灵，让他感受到柔情蜜意。男人不易读懂，在女人看来，男人深藏不露，需要女人花心思去猜测，去了解。好女人，会有耐心地去品味男人，看到男人的坚强和脆弱，她会用自己的柔情去感化男人，用自己的蜜语去温暖男人，共同营造甜美的生活。

晓丽和张雨成婚后，两个人配合得很默契，生活过得很美满。但是没过多长时间，晓丽就发现，张雨回家的次数越来越少，即使回家，停留的时间也越来越少，晓丽和他说话，他也充耳不闻。两个人的生活逐渐变得平淡，家里再也没有了以前的欢声笑语，一切似乎沉寂下来，空气似乎有些紧张。

晓丽心里也很烦恼，和张雨说话也是粗声大气，家里变得一团糟。张雨回到家里，少言寡语；晓丽弄不清楚张雨的心思，自己也是闷闷不乐。为了弄明白张雨的心思，这天，她把家里收拾得干干净净，重新布置一新，等候张雨回来。张雨下班回到家之后，感觉耳目一新，话语也多起来。通过和张雨交谈，晓丽了解到张雨在工作上遇到了难题。于是，晓丽好言相劝，一番甜言蜜语，使张雨紧张的心情得到缓解。

重新感受到了晓丽的温柔体贴，张雨心里充满了柔情蜜意，工作上的辛苦也变成了一种乐趣。闲暇时，张雨又带着晓丽一块儿出外旅游，感受大自然的美好，他们的生活又充满了快乐。

女人的蜜语甜言，可以使男人感到生活的甜蜜，生活的美好。对男人说话难听，声音粗劣的女人，会伤害男人的自尊，让男人感到劳累。原本男人已经负有太多的责任，如果女人不懂得呵护男人，只会给男人增加负担，让男人对婚恋生活失望。事例中的晓丽，用自己甜蜜的话语化解了张雨的劳累，使张雨重新感受到了柔情蜜意，二人也重归于好。

第15章 有爱就要说出来，别不好意思表达

1. 从内心里去理解男人的心思

婚恋中的女人，要理解男人的心思，用自己的甜言蜜语去感化男人，尽心呵护男人，让他感受到自己对他的柔情蜜意，男人的心思就会变得缜密，就会对女人多一些疼爱。感受到柔情蜜意的男人，才会对女人有更多的爱意，在事业和生活中才会有积极向上的动力。做一个水样的女人，用自己的柔情去化解男人的愁苦，让男人在为了家庭为了事业拼搏的时候，感受到自己的柔情蜜意，婚恋中的女人和男人将会幸福如潮。

2. 说话和气，温婉动听

在婚恋中不懂得男人的心思，对男人说话粗鲁无礼的女人，对于男人来说，无异于一种折磨，会让男人处处感到不顺心，不如意，他们的婚恋生活也不会长久。懂得男人心思的女人，说话和气，温婉动听，她的甜言蜜语会使男人感到舒服。因此，女人要读懂男人的心思，用自己的甜言蜜语去感化男人，即使心如磐石的男人，也会感受到女人的柔情蜜意，被女人的真情实意所感动，放下自己的尊严，露出自己脆弱的一面，在女人的甜言蜜语中与女人融为一体。婚恋中，女人的甜言蜜语就如调和剂，在生活变得暗淡无光，百味俱失的时候，为生活添色添香，让男人感受到生活的多姿多彩以及自己的柔情蜜意。

3. 多欣赏，少抱怨

感受到柔情蜜意的男人，会更加珍惜女人，爱惜女人。若婚恋中听到的只是女人的埋怨、唠叨，男人会变得厌烦，会对女人不理不睬，二人的生活也会因此失去光彩。男人对女人肩负着沉重的责任，如果女人说话尖刻嘲讽，抱怨不已，就会给男人增加负担，让男人感觉更累。用自己的甜言蜜语化解男人的劳累，分担男人的忧愁，让男人感受到柔情蜜意，男人就会对女人百般珍爱。

多沟通,别让猜疑破坏家庭关系

婚恋中的男人和女人,彼此之间多一些坦诚沟通,多一些理解,少一些猜疑,二人的感情会越来越深厚。如果女人凡事过于较真,与男人缺乏沟通,就会互相猜疑,从而不利于感情的发展。婚姻需要用心经营,女人和男人除了柴米油盐的平凡生活,还要多沟通,让男人明白自己的感情,让男人知道自己对他的欣赏。这样可以巩固夫妻间的关系。然而,女人对男人的感情,不是完全靠言语的表达,有时,动作、表情也能表现出女人对男人的爱恋。但是,言语表达最能显示出女人对男人的情感。

俏丽可爱的晓晓和李玉结婚后,两人对生活都很满意。晓晓对李玉很体贴,每天对他嘘寒问暖,让李玉感受到了婚恋的甜蜜。晓晓对李玉说的话,李玉常常铭记在心。但是,最近由于工作繁忙,李玉极少回家和晓晓相聚。即使回家,也没时间和晓晓闲聊,这让晓晓感觉生活很无趣。

为了调剂生活,晓晓想让忙于工作、专心事业的李玉陪自己出去旅游。当她向李玉提出要求时,李玉显得很淡然,这让晓晓非常失望,觉得李玉忽视了自己。两人之间的话语少了,似乎出现了隔阂。此后,晓晓有什么心思也不愿意告诉李玉,家里笼罩着一种沉闷的氛围,晓晓和李玉都感觉心里很不舒服。

这种生活当然不是晓晓想要的,晓晓决定和李玉好好谈谈,改变家里的气氛,也让李玉忙于工作的紧张心情得以调节。她冷静下来,调整了自己的心态,在和李玉沟通时言语柔和,劝慰李玉,工作太忙时,要注意身体。受到晓晓的呵护,李玉疲惫不堪的心情终于松弛下来,和晓晓谈起了工作中遇到的事情,

第15章 有爱就要说出来，别不好意思表达

请求晓晓谅解他的难处。晓晓这时也畅所欲言，把自己心里的想法告诉了李玉。二人进行了很好的沟通，很快便和好如初。

婚恋中的女人和男人沟通时，要做到坦诚无私，不要对男人的行为心存疑虑，横加指责，否则，只会伤害夫妻之间的感情。女人心里坦诚，光明磊落，就不会隐藏什么事情，不会存在什么疑虑，男人就会觉得女人对自己忠诚。如果女人说话做事遮遮掩掩，似乎难以见人，就会让男人觉得女人说话啰唆、行事不干脆，这样难免引发矛盾，使两人之间的情感破裂。

1. 对他形象的赞美

男人对外貌的在意绝不亚于女人，对其外表的赞美最好具体点，类似于"你真帅"之类的模糊称赞，不一定能引起对方的兴趣，能这么说的女孩太多了，你可以表现得更亲密一点。"我喜欢你的头发，很柔软，很干净，闻起来味道很好"或者"你的声音真好听""你肩膀真宽""你的鼻子真挺！"后面三项，除了赞美之外，还是男女差异比较强烈的地方，带着某种暧昧的暗示，应该被女性牢记在心。

2. 对男人的崇拜

男人对于女人的崇拜，往往不能抗拒，即使不那么亲密的女人表示一下好感和崇拜，也能把双方的距离拉得很近，何况是心爱的女人的崇拜呢？

多说类似于："你真幽默。""你这人真逗。""你怎么什么都懂啊？""你真能干！"之类对于对方性情、能力的肯定和欣赏。男人或多或少都具备点"骑士精神"，喜欢在女人面前出其不意地一展"绝学"，喜欢在异性面前展现自己最有魅力的一面，这类甜言蜜语，正是对男人魅力的正面夸赞，往往成为男人的一针兴奋剂，直接变成他上进的动力和对你的爱意。会欣赏和崇拜自己男人的女人，才是真正温柔的女人，才能赢得甜蜜的爱情。

3. 表示依赖的话

"我想你了。""没有你怎么办?"具有轻柔侵入人心的力量,无论你内心多么鄙视这类甜言蜜语,多么不以为然地认为"谁离开谁,还不能活",都不妨甜腻腻地来上一句。男人并不喜欢把"爱"挂在嘴边,但不排斥做作而又淳朴简洁的"想你了",他们不仅不会拒绝,还会非常得意,因为表达了女人对自己的依赖和依恋,这种依赖,满足了大男人的虚荣心,没有男人会不喜欢。

4. 对对方判断和能力的肯定

"你是对的。""这个想法很新鲜,也很实际。"这种语调客观的评论,更能表现出你对对方的认可。赞美和崇拜,满足的是男人的虚荣心,客观的肯定则满足男人对于"知音"的渴望。

不管他在抱怨办公室的不公还是在发表自己对于政治、技术的高见,只要你附和一声,往往意味着你肯定和承认了他的努力,你是站在他那边的,而且深信他是最精明最有远见的,永远是你最值得依赖依靠的男子汉。如果能在说出这句话之前,沉默几秒钟,思考一下,更能表现出自己的慎重,往往很容易被男人"引为知音"。

5. 肯定对方的吸引力

"和你在一起真开心!""我们离开这吧,我想和你单独在一起!"这两句话同样动人,前一句表示你喜欢和他在一起,他的行为或思想很有吸引力,和他在一起,你是快乐的。后一句表示他本身的吸引力不可抗拒,尤其当你们一起参加一些无聊的派对或者看一部非常枯燥的电影时,这句温柔的提醒,往往使他心情激动。

第15章 有爱就要说出来，别不好意思表达

拌嘴也是情趣，把爱意融入争吵中

长久生活在一起的小两口难免磕磕碰碰，产生一些小摩擦、小矛盾。怎样把小吵小闹变成巧吵巧闹以及增进夫妻情趣的斗嘴呢？这就需要其中的一方有一颗宽容的心和一种幽默的情趣，才能化戾气为祥和，使双方的感情在小吵小闹中升温。

怎样运用语言技巧，化解对方的埋怨、怨气、不平呢？

1. 用称赞应对批评

任何人都难免做错事，恋人之间也往往因为对方做错事而产生批评、抱怨，如果听不进批评，甚至针锋相对，就很容易发生争吵。这时候，不妨用称赞对方的方式来应对，使得对方不好意思再抱怨，也避免了一场争吵，不伤害彼此间的感情，是很好的处理方式。

某男朋友批评女朋友："你怎么那么笨，配合都不会，这游戏多好打呀，我攻得多好，如果你守得稍微好一点，咱们肯定就赢了，看你！"女朋友接过话茬："人家不都说了吗，月老给牵红线的时候，都是搭配着来的，一个勤的拉着一个懒的，一个聪明的拖着一个笨的。月老看我这么笨，所以才派了你这么聪明的老公给我嘛，咱俩才能在一起。我要是精得冒光，您也得敢要！"

一句话使男朋友一肚子的怨气都散光了，捧一下对方，也就为自己的错误找了个借口，更利于增进双方的情感。

2. 用幽默应对牢骚

两个人在一起久了,难免发牢骚,生活中的一些小习惯的差异以及工作中的压力,常常变成牢骚发出来。女人如果能用智慧的语言和对方幽上一默,既能避免争吵,又能消除对方心中的压力和焦虑,使对方的心情变好,何乐而不为呢?

小丽的男朋友因为工作压力大,一段时间常常借故发火,争吵几次后她才明白,对方并不是冲她,于是改变了策略。在一次男朋友发脾气说她"又懒又笨,嘴馋还没有上进心,我当初怎么看上你的啊!"时,她非但没有顶回去,反而笑嘻嘻地说"您当时,就摸黑摸了一个呗!看我就是打着灯笼找的,看咱找的这老公,又聪明又勤快,嘴皮子还挺利索,除了爱迁怒人,没别的缺点。"男朋友一听,小丽既没有发火,又指出了自己在借故迁怒,也不好意思继续发脾气,偃旗息鼓继续想工作上的事情了。

3. 用特别的解释应对抱怨

某女孩和男朋友出外旅游,不是走错路线,就是耽误了食宿。这时候男友抱怨道:"哎呀,怎么和你在一块儿老是碰到倒霉的事呢?"这时候不妨斗斗嘴,"对啦,我们就是夫妻命嘛!""什么叫夫妻命?夫妻就该倒霉吗?""夫妻就是要共患难呀!想想看,要不是有你在身边,我一个人哪里应付得了这些?"这样就把一场本来可能演变成吵架的小别扭,变成了情趣的斗嘴。斗嘴是一种有趣的语言游戏,它往往把某些不合理的东西结合在一起,有些小不讲理,但充满浓厚的小恋人情趣。

我们不想把一些小争吵变成大动干戈,就要本着适度的原则,或用自己的智慧,将它化为一种能够增进夫妻情趣的巧斗嘴,这样既不影响感情,又能促进生活情致。

第16章
用点策略好成事,别不好意思"演戏"

在现实生活中,面对复杂的交际场合,别不好意思"演戏",因为人生就是一部戏,我们每个人都是主角。更何况,面对鱼龙混杂的交际场合,假如自己太单纯,那就只能被欺骗,对人际交往,我们还得花点心思,用点计谋。

贴心点，以己度人好成事

投射效应是指将自己的特点归因到对方身上的倾向，即以己度人，认为自己具有某种特性，对方也一定会有与自己相同的特性，于是，他们把自己的感情、意志、特性投射到对方身上并强加于人的一种认知障碍。比如，一个善良的人认为对方也是善良的，一个敏感多疑的人，则往往认为别人都是不怀好意的。投射效应使我们对他人的知觉产生失真，我们在对他人形成印象时，有一种强烈的倾向就是假定对方与自己有相同之处，但实际上，对方所具备的特性却是全然不同的。由于投射效应更倾向于自己是什么样的人来知觉他人，而不是按照被观察者的真实情况进行知觉，因而，投射效应是一种严重的认知心理偏差，它会给正常的人际交往带来严重的负面效应。所以，在日常交际中，我们需要克服这样的心理，善于从言谈比较中寻找到对方的欲望点，使对方"欲求不满"。

1964年，刚从海军学校毕业的吉米·卡特遇到了海军上将里·科弗将军。当将军让他谈谈自己的事情的时候，吉米·卡特为了获得里·科弗将军的喜欢，骄傲地谈起了自己在海军学院的成绩，他说自己在全校820名毕业生中，名列第58位。他自认为将军听了他的成绩后一定会对他刮目相看，没想到将军却没有任何反应地问道："你尽力了吗？为什么不是第1名？"这句话让吉米·卡特不知道该如何回答。

吉米·卡特与将军的对话验证了错误投射现象带来的负面影响。心理学研究发现，在日常生活中，人们总是不自觉地把自己的心理特征强加在对方的身上，认为自己是这样想的，对方也应该有同样的想法，并试图通过这样的想法

第16章 用点策略好成事，别不好意思"演戏"

去影响他人，结果却适得其反。

投射效应主要有两种表现形式：一是感情投射，也就是认为对方的喜好与自己有相同之处，继而按照自己的思维方式，试图来影响其心理；二是缺乏客观性的认知，他会以自己的价值判断去过度地赞扬喜欢的人，或者贬低厌恶的人。其实，投射效应告诉了我们一个道理，即每个人的心理都是不同的，我们不要以己度人，需要在言谈比较中挖掘出对方的欲望点，准确投射，这样才能有效地掌控局面。

1. 通过言语比较洞悉其心理

如果自己喜欢吃火锅，你可以试着询问："你觉得火锅怎么样？"假如对方回答："火锅还行吧，我倒觉得牛排挺不错的。"通过言语比较，对方所中意的应该是牛排而不是火锅；假如对方回答："我最喜欢火锅了。"那么，他的喜好应该和你差不多。

2. 自己的喜好无法正确衡量别人

俗话说："物以类聚，人以群分。"这就是人们心理活动的一种折射，在投射效应的驱使下，人们的行为常常有失偏颇，继而不能更好地影响他人心理。比如，你自己很喜欢吃西餐，并不代表对方就会喜欢吃西餐。因此，我们在交际中不要以自己的喜好来衡量别人，这样做的结果只会适得其反。

3. 利用惯性思维

税务员假装不相信地问道："唉，据我所知你没有这个肚量。"店主有点生气："什么？我没有那个肚量，这算什么呀！自从今年来，我哪个月不卖个两万多呀。""那好，你先把这几个月所漏的税额补交了吧！"税务员说道。这里，税务员所使用的就是惯性思维，利用其欲望洞悉其心理。

赢在自信

主动暴露小小缺点，拉近彼此距离

据说，刺猬背上的刺可以保护自己，但柔软的腹部却是致命的弱点，如果它的天敌知道了它的弱点，它的寿命就会进入倒计时……有时候，我们也会自然地把人比作刺猬，披着伪装的外衣，小心翼翼地保护着自己，以免暴露自己的弱点，带来一些伤害。其实，人跟刺猬一样，都是害怕受伤的动物，竭力保护着那些致命的弱点，不敢暴露出来，努力在人前显示出自己最好的一面。但是，每个人都有自己的弱点，在对手眼里，这是可以击破的缺口；但在其他人眼里，这却是一种坦诚的方式。心理学家认为，适时暴露自己的缺点，会让你受到更多人的喜欢。

王小姐今天和朋友去逛街，虽然她个头有163厘米，这在南方也不算矮了，但可"恨"的是那位朋友个头比自己还要高。王小姐为了不让人们觉得自己比她矮，硬是穿了一双高跟鞋。刚开始的时候，还没有什么，但是，一个小时以后，王小姐觉得自己的脚已经吃不消了，越来越疼，腿也开始疼起来了。

王小姐的朋友好像察觉到她的痛苦，把她引到了一个鞋店，笑着对她说："我看你还是买双休闲鞋吧，这样穿起来就没有那么痛苦了，像你这样的个子应该不必穿高跟鞋的。"王小姐一脸苦笑，朋友笑着说："该不会是和我比高吧？"王小姐不好意思地低下头，朋友拉着王小姐坐了下来："咱们是这么多年的朋友，我又不会因为比你高那么一点点而看扁了你，你呀，在我心中，是永远不可替代的好姐妹。"王小姐心情很激动，她后悔自己穿高跟鞋来逛街了，不过，她却不后悔有这样一位朋友，因为，朋友才是自己的财富。

从王小姐的事例中可以看出，不要害怕暴露自己的弱点。如果你仅仅为了

第16章 用点策略好成事，别不好意思"演戏"

自己的弱点而刻意去逃避，或者为了自己的弱点刻意去隐藏，这样下去，最后受累的是自己，受伤害的也是自己，因为你总在担心自己的弱点会不会被朋友发现，这样的掩盖是痛苦的。但是你的弱点还是弱点，这一点是无法改变的，那么，你就没有必要隐藏真实的自己，适时把自己的弱点大胆地暴露出来，弱点也许会成为优点。

适时暴露自己的缺点，可以在朋友面前，在陌生人面前，在同事面前，让人觉得自己不过是一个普通人，不具备威胁性，这样，你才会受到更多人的喜欢。

小李研究生刚毕业就来到了这所中学。当时，在这所偏远的中学里，小李是唯一的高学历，大多数同事都是年纪一大把的"老古董"。虽然他们有多年的教学经验，但真正的学历并不高。小李刚开始不以为然，觉得自己应该表现得更优秀一点，这样，才会受到学校领导的重视。

在学校待了一段时间，小李认识到了那一群"老古董"的力量。由于小李的清高以及所展现出来的"完美教学"模式，使得他在学校受到了排挤。不仅仅是"老古董"同事，甚至连学校的领导也觉得小李太难以亲近了。小李感到很难过，没想到，优秀的自己也会受到如此的待遇。于是，他决定藏起自己的才华，在教学上，不时露出一些小缺点，时常向老同事请教，他还常常谦虚地说："我一个刚毕业的学生，什么都不懂，还需要你们多多指教呢。"这样一转变，小李一下子就成了学校最受欢迎的老师，而且，那些老同事也不再为难他，而是想办法亲近他。

每个人都有弱点、强项，这是均衡的，没有必要在他人面前故意掩盖。当你大胆地暴露自己的缺点时，并不会被别人瞧不起，而是让他人看见了一个真实的你，这并不是一件坏事。或许，你的真诚可以换来一份难得的友谊，获得他人的认可，这样，办事自然就容易多了。有的人不敢向朋友暴露自己的弱点，认为那很难为情，事实上，当你大胆地暴露出自己的缺点，同时战胜了内心的胆怯，这对于你来说，也是一个良好的开始。

1. 隐藏缺点，给人的感觉不真实

在交际场合中，如果你总是想方设法地掩盖自己的缺点，不敢做真实的自己，那么，你下意识的行为会逐渐地影响你与他人之间的关系。因为你给别人的感觉就是不够真实。人与人之间的交往是建立在真实的基础之上的，这样的真实就包括显示真实的自我。每个人都有自己的缺点，这很正常。在恰当的时候，暴露自己的缺点，让对方觉得"原来他跟我一样，也是有缺点的人"，这样一想，他自然会愿意亲近你。

2. "不完美"更受欢迎

在现实生活中，许多人总想在众人面前树立一个"完美"的形象，他所展现出来的全部是优点，没有缺点，自以为如此的形象可以使更多的人亲近自己。结果却出人意料，所谓"高处不胜寒"，你表现出来的"完美"形象会成为你交往的障碍，更多的人只愿意与一个再普通不过的人做朋友，而不愿与一个没有缺点的"圣人"做朋友。

以柔克刚，用温情攻克对方心房

每个人的内心都有最柔软的地方，那里遍地盛开的都是同情心。实际上，人心都是肉长的，我们在求人办事的关键时刻，不失时机地说一些柔情话语，甚至装装可怜，这样可以博得对方的同情心，使彼此之间在情感上靠近，并产生共鸣，这就为事情顺利解决奠定了基础。这种"柔情攻略"的求人办事之术，使对方乐意为你效劳。在求人办事的过程中，利用话语来博得对方的真切同情会给对方一种慰藉，一种体贴。像这种通过言语示弱来博得同情，其目的在于

第 16 章　用点策略好成事，别不好意思"演戏"

使整个话题重心不偏不倚，使对方获得一种心理上的满足，从而达到影响他人心理的目的，同时自己的问题也得以圆满解决。

亚伯拉罕·林肯出身于一个鞋匠家庭，而当时的美国社会非常看重门第。林肯竞选总统前夕，在参议院演说时，遭到了一个参议员的羞辱。那位参议员说："林肯先生，在你开始演讲之前，我希望你记住你是一个鞋匠的儿子。"林肯看看他，没有表现出愤怒的样子，而是深沉地说："我非常感谢你使我想起我的父亲，他已经过世了，我一定会永远记住你的忠告，我知道我做总统无法像我父亲做鞋匠那么好。"听了林肯这一席话，参议院陷入了沉默，林肯又转头对那个傲慢的参议员说："据我所知，我的父亲以前也为你的家人做过鞋子，如果你的鞋子不合脚，我可以帮你改正它。虽然我不是伟大的鞋匠，但我从小就跟随父亲学到了做鞋子的技术。"然后，他又对所有的参议员说："对参议院的任何人都一样，如果你们穿的那双鞋是我父亲做的，而它们需要修理或改善，我一定尽可能帮忙。但是有一件事是可以肯定的，我无法像他那么伟大，他的手艺是无人能比的。"说到这里，林肯流下了眼泪，所有的嘲笑都化成了真诚的掌声。后来，林肯如愿以偿地当上了美国总统。

林肯出身虽然卑微，也许，他没有任何贵族社会的硬件条件，但从这个案例中可以看出，他有着出类拔萃的才华，而且能够扭转不利局面。那番对父亲的真挚言语使他赢得了所有参议员的尊重，而在关键时刻流下的眼泪，让他赢得了成功。

约翰固执地爱上了商人的女儿柯尼亚，但柯尼亚始终不用正眼看他，因为他是个古怪可笑的驼背。这天，约翰找到柯尼亚，鼓足勇气问："你相信姻缘天注定吗？"柯尼亚眼睛盯着天花板答了一句："相信。"然后反问他，"你相信吗？"他回答："我听说，每个男孩出生之前，上帝便会告诉他，将来要娶的是哪一个女孩。我出生的时候，未来的新娘便已经配给我了。上帝还告诉我，我的新娘是个驼背。我当即向上帝恳求'上帝啊，一个驼背的

妇女将是个悲剧,求你把驼背赐给我,再将美貌留给我的新娘'。"当时,柯尼亚看着约翰的眼睛,并被内心深处的某些记忆搅乱了。她把手伸向他,之后成了他最挚爱的妻子。

约翰通过柔情的话语赢得了爱情,他的话语触碰了柯尼亚心中最柔软的位置。在日常生活中,只要我们能够运用合适的说话技巧,就很容易达到自己的目的。虽然,"柔情攻略"的说话方式显得有点"煽情",但是它却不失为一种很好的说服对方给予帮助的方法。当然,如果你总是说一些有利于自己的话,对方通常会怀疑你所说的话,这时候不妨借他人之口,说自己之事,让别人来替你说话,从而激发对方的同情心。

1. 以情动人

充满感情的话语是能够打动人心的,如果你能够有感情地提出自己的诉求,甚至把自己当下的难堪情境说一说,对方多少都会因为同情而给予你帮助的。

2. 适当示弱

在求人办事的过程中,我们需要以一个弱者的姿态来赢得对方的同情。当然,这里所说的示弱并不是真的示弱,只不过是以话语来博得对方的同情,从而达到自己的目的。俗话说:"软刀子更扎人。"这就是以话语来博同情的技巧吧。

3. 多进行感情投资

松下幸之助是一个主动进行感情投资的人,他每次看见员工都会亲自上前为其沏茶,充满感激地说:"太感谢了,你辛苦了,请喝杯茶吧。"正因为平时生活中的感情投资,所以,员工都乐意为其效劳,把"松下"做成了国际品牌。

第 16 章　用点策略好成事，别不好意思"演戏"

巧妙示弱装可怜，软刀子更扎人

人们总是不由自主地同情弱者，不愿意袖手旁观置之不顾，且比较容易答应弱者的请求。当对方不愿意帮忙或者正犹豫不决的时候，我们不妨开口"装可怜"，激起对方的保护欲，一旦对方觉得你的说法真实可信，他很有可能作出让步，答应你的请求。求人办事，要放得下面子，做个可怜人，以情乞悯，以达到自己的目的。在日常生活中，当人们在讲述自己如幼年丧父、生活艰苦等不幸的经历时，旁边的人都会不由自主地给予宽慰以及一定的帮助。装可怜虽然不是被人们常用的一种方法，但却是非常有效的一种方法。所以，我们应该巧妙地运用这一方法来求人办事，往往是软刀子更扎人。

汽车巨头亨利·福特公司的贸易业务很忙。他们的桌子上总是堆满了各种账单。福特每次都是大概看一眼后，就把账单扔在桌子上，对经理说："你们看着办吧，我也不知道该先付谁的好！"但是有一次，他从一大堆的账单中抽出一张对财务经理说："马上付给他！"这是一张传真来的账单，除了列明货物标的、价格、金额外，在大面积空白处还画着一个头像，头像正在滴着眼泪。"看看，人家都流泪了"福特说，"以最快的方式付给他吧！"

我们都明白，这个要账人并非真的在流泪，他之所以急着催账，有可能是另有隐情或者急需资金，但是，那账单上几滴泪珠能够迅速引起他人的重视，以最快的速度要回了大笔的贷款。由此可见，"装可怜"的威力实在是不能小看啊！

鲍尔温交通公司总裁福克兰，在年轻的时候因巧妙处理了一项公司的业务而青云而上。他当时是一个机车工厂的普通职员，由于他的建议，公司买

赢在自信

下了一块地皮，准备建造一座办公大楼。居住在这块土地上的100户居民，都得因此而搬家。但是居民中有一位爱尔兰的老妇人，却首先跳出来与机车工厂作对。在她的带领下，许多人都拒绝搬走，而且这些人抱成一团，决心与机车工厂一拼到底。福克兰对工厂领导说："如果我们通过法律途径来解决问题，就费时费钱。我们更不能采用其他强硬的办法，以硬对硬，驱逐他们，这样我们将会增加更多的仇人，即使建成了大楼，我们也不得安宁。这件事还是交给我来处理吧！"

这一天，他来到了老妇人家门前，坐在石阶上独自地流起了眼泪。这种行为自然引起了老妇人的注意。良久，她开口发问："年轻人，有什么伤心事吗？说出来，我一定能帮助你。"福克兰趁机走上前去，擦擦眼泪，没有直接回答她的问题，却说："您在这无事可做，真是天大的浪费呀！我知道您有很强的领导能力，实在是应该抓紧时间干成一番大事业的。听说这里要建造新大楼，您是不是准备发挥超人才能，做一件连法官、总统都难以做成的事：劝您的邻居们，让他们找一个快乐的地方永久居住下去。这样，大家一定会记得您的好处的呀！"第二天，这个强硬顽固的爱尔兰老妇人便成了全费城最忙碌的妇人了。她到处寻觅房屋，指挥她的邻人搬走，并把一切办得稳稳妥妥。办公大楼很快便开始破土动工了，而工厂在住房搬迁过程中，不仅速度大大加快，而且所付的代价竟只有预算的一半。

在这个案例中，福克兰装出一副可怜的样子，用哭声打动了老妇人的心，使对方心甘情愿地为福克兰办成一件大事。事实上，我们要善于抓住人性的弱点，这样就能使自己在办事中获得成功。

1. 用哭声打动对方

三国时期，蜀主刘备是精于哭道的高手，于是，有人戏称"刘备的江山是哭出来的"。虽然，这样的说法有失偏颇，但是，"哭"的确是求人办事的"秘密武器"，在提出自己诉求的时候，不失时机地流几滴眼泪，会激发对方的保

第 16 章　用点策略好成事，别不好意思"演戏"

护欲，必然会爽快地答应你的请求。

2. 先批评自己

在求人办事的时候，你率先作自我批评，如"不好意思，都是我不好，把这样的事情告诉你，给你带来了麻烦"，不妨装一下可怜，使对方产生同情，以此来达到自己的目的。

3. 表示自己的无助

在提出自己诉求的过程中，你不妨通过语言表现自己的无助，比如"我也是没有办法，不然，我是无论如何都不会来麻烦你的，还希望你能够帮我这个忙""现在我是一点办法都没有了，希望你能帮忙出个主意"，对方看到你无助的样子，定会毫不犹豫地答应你的请求。

巧解难堪，打破交际僵局

在日常交际中，人们常常因固执己见而争论不休，因为一句不适当的话而冷场，或者因为突发状况而陷入难堪情境，等等。各种原因都会造成僵持的局面，难以缓和的气氛横亘在交流双方之间，整个场面就如同冰山一般。这时候，作为当事人或者局外人，需要适时地说几句话来打破僵局，化解尴尬的气氛，使交流得以正常进行。其实，生活中难免出现一些猝不及防的意外，这会让当事人遭遇尴尬或不快，甚至引发不必要的麻烦，轻则令人恼心，重则在心里结下疙瘩。这时，如果利用突发事件与语言之间的玄妙之处进行机智的解答，就会使当事人转忧为喜，也会使整个紧张气氛缓解。峰回路转，只需要三言两语就打破了僵局，营造了愉快的气氛。

有一次,小娜和几个同事一起去参加省里的业务考试,当她们走进考场时,只见阿梅的桌子上钉有三颗大钉子,且凸出很高。不难想象,这不仅会刮坏衣服,同时也会影响答题的速度。阿梅一脸的怒气要求监考老师换桌子,可监考老师说:"现在不能换,别违反考场纪律!"阿梅气得柳眉倒竖,连说:"真倒霉,不考了。"小娜见状连忙说:"有几颗钉子算什么?"阿梅说:"你说得轻松,这可是三颗钉子,躲都躲不过去呢!"小娜说:"你太幸运了,我还求之不得呢!"阿梅说:"你别拿我开心了,这么倒霉的事要让你碰上,你还能说幸运?"小娜说:"你知道这三颗钉子说明了什么吗?这叫板上钉钉!说明你今天的三科考试铁定都能过关。"阿梅听后马上转怒为喜:"借你吉言,我要是三科都及格了就请你吃饭。"结果一个月后发布成绩,阿梅果然三科都顺利过关。

本来桌子上有三颗大钉子是令人生气的,更何况还需要坐在这里考试。这时候,小娜为了打破僵局,在阿梅气恼发怒的时候,将"板上钉钉"的俗语与考试联系了起来,积极地联想,送出吉言"三科铁定都能过关",这话正好说到了阿梅的心里。于是,僵硬的气氛被化解了,阿梅借小娜的吉言获得了好成绩。

在日常交际中,如何利用三言两语打破僵局呢?

1. 幽默解说

在交际场合,过于严肃和枯燥的气氛往往不被人们所接受,这时候就需要用幽默的语言把它变得灵活些、有趣些。有时候,一个敏感的问题就使整个场面僵住了,甚至妨碍了正常的交际,这时就可以通过幽默的解说将问题诙谐化,打破僵局,使交际得以顺利进行。

2. 强调问题的合理性

有时候对方可能因为在特定的场合作出了不合时宜、不合情理的举动,令旁人费解,导致了整个局面的僵持。这时我们就需要找一个理由或借口,强调

第16章 用点策略好成事,别不好意思"演戏"

对方行为的合理性,从而打破僵局,缓解气氛。

3. 利用谐音巧解

有一个货车司机的车牌号码是"16444",亲戚朋友都说这个数字不吉利,车主一下子无言以对。这时候,有人却说:"大爷,你这个号码好,它们可以理解为'多拉发发发'。只要你多拉货,就一定能发财"。因此,利用谐音巧解,打破了僵持的局面。

4. 逆向思维

面对突如其来的尴尬局面,当事人又无可奈何,我们可以跳出固定思维,从问题、事情的反面去思考,作出让双方都满意的解释,打破本来僵持的局面。

参考文献

[1] 李劲.拒绝力：别让不好意思害了你[M].北京：中国华侨出版社，2014.

[2] 周维丽.别让不好意思害了你[M].北京：北京理工大学出版社，2012.